中国特色现代化会计人才培养系列教材

总主编 姚凤民

《基础会计》学习指导

主 编◎朱小云

副主编◎徐 蓉

中国财经出版传媒集团

经济科学出版社
Economic Science Press

·北京·

图书在版编目（CIP）数据

《基础会计》学习指导 / 朱小云主编；徐蓉副主编.
北京：经济科学出版社，2025.1. -- （中国特色现代化
会计人才培养系列教材）. -- ISBN 978 - 7 - 5218 - 6661 - 2

Ⅰ. F230

中国国家版本馆 CIP 数据核字第 202520DV93 号

责任编辑：李一心
责任校对：王肖楠
责任印制：范　艳

《基础会计》学习指导

〈JI CHU KUAI JI〉XUE XI ZHI DAO

主　编　朱小云

副主编　徐　蓉

经济科学出版社出版、发行　新华书店经销

社址：北京市海淀区阜成路甲 28 号　邮编：100142

总编部电话：010 - 88191217　发行部电话：010 - 88191522

网址：www. esp. com. cn

电子邮箱：esp@ esp. com. cn

天猫网店：经济科学出版社旗舰店

网址：http://jjkxcbs. tmall. com

北京季蜂印刷有限公司印装

787×1092　16 开　6.75 印张　125000 字

2025 年 1 月第 1 版　2025 年 1 月第 1 次印刷

ISBN 978 - 7 - 5218 - 6661 - 2　定价：24.00 元

（图书出现印装问题，本社负责调换。电话：010 - 88191545）

（版权所有　侵权必究　打击盗版　举报热线：010 - 88191661

QQ：2242791300　营销中心电话：010 - 88191537

电子邮箱：dbts@ esp. com. cn）

总　序

中国史前人类创造计量记录符号的现实目标，是中国会计产生的历史起点①。可见，会计与人类社会的发展共生共存共进，会计学是人类历史上较为古老的知识体系，其知识谱系与方法的演进体现了人类生产的进阶与文明的进步。因此，会计人才的培养在任何时期都承载着其特有的历史使命。当今随着 AI、大数据、云计算、区块链的赋能，会计逐步转向共享会计、智慧会计、数字会计，社会需要越来越多适应新时代要求的会计人才，这对会计人才培养提出了新要求、新挑战、新使命。如何提高会计人才培养质量，满足社会需求，已成为新时代我国会计教育所面临的重要任务。

会计教育的本质并非是单一的知识点传授，更是一种思维能力、跨学科能力、综合应用能力的培养；会计不仅仅是专业培养，更是一种职业教育，是技术含量非常高的、专业化的职业。面对当下复杂市场交易的世界以及数智技术的发展，会计人才培养应以提高系统能力与创新能力为目标，培养学生综合的会计思维与能力、数据思维与能力等，从而帮助其具备决策与创造价值的能力。会计人才能力培养的核心是会计相关课程，而课程的载体是教材，教材成为了人才培养的纽带。因此，编写能够满足社会需求和适应数智时代要求的教材是新时代给我们提出的新命题。一直以来，大多数会计类教材内容完整全面但略为繁杂，对民办高校本科学生来说存在着一些瓶颈性的学习困境。如何使"曼妙而充满魅力"的会计科学知识通过教材让教师简而精地教，让学生轻松愉快地学，同时增进学生对主动深入学习会计知识的浓厚兴趣，逐步引导其具有系统能力与创新能力，这应是当下会计教育实践中所追求的。

基于此，广州华商学院会计学院始终关注会计自动化和智能化、信息化和数据化、共享化和标准化的变革趋势与技术发展方向，在不断优化课程设置的基础上，组织编写了《中国特色现代化会计人才培养系列教材》。该系列教材的编写本着以下原则与理念：

1. 教材呈现内容更新。在教材内容上与时俱进，反映制度最新的变化以及领域最新的内容，例如反映最新的会计准则及会计法、公司法，适应新的会计准则要求和实际业务需求；反映企业数据资源相

---

① 郭道扬：《中国会计通史》第一册，中国财政经济出版社 2023 年版，第 3 页。

关会计处理，适应数字经济发展的需要；反映税法的最新变化，提升学生到岗后的宏观环境适应能力等。教材内容多维度呈现了会计专业领域的"现代化"元素。

2. 教材突出秉纲执本。"秉纲而目自张，执本而末自从"，本次教材的编写本着少而精的原则，突出重点，纲举目张。通过压缩教材内容"厚度"或"容量"，为学生留有更多的自主学习时间；通过教材内容的精，围绕能力提升而教，促使学生的提升自主学习能力。另外，本系列教材内容融入了思政元素，培养学生的家国情怀、诚信职业道德与法治意识。

3. 教材内容深入浅出。本系列教材通过知识逻辑结构图、引导案例、延伸阅读等方式体现循序渐进，由浅入深，尽量做到通俗易懂与生动有趣。特别是通过引导案例解读抽象的内容，变得更易掌握内容的逻辑或勾稽关系，更容易正确理解和把握其内容实质。

4. 教材突出基本训练。强化知识的掌握与技能的提升是教材的基本目标，教材不仅是知识传授的载体与纽带，更应该强化基本训练。本系列教材配备了学习指导书或相当数量的习题，训练的题目具有多样性、启发性，有助于学生理解应用基本知识和掌握解决问题的方法，有助于培养学生思维能力与习惯。

5. 教材形式的数字化。本系列教材在传统教材内容的基础上，通过设置二维码资源，添加视频、图片等多媒体元素，学生可通过扫描二维码的方式，链接到相关的视频等资源，增强学习体验，提高学习效果。同时，通过在教材页面设置二维码集聚相关知识内容，学生可扫码进行自主扩充学习。本系列教材中，《财务共享服务》《智能会计信息系统–基于用友 YonBIP 和用友 U8V15.0》两种教材被开创性地打造为数字教材，实现了教材形式以及教与学的创新与突破。

西汉刘安《淮南子·说林训》中所言"授人以鱼不如授人以渔"。教材不仅传授给受教者既有知识，更重要的是传授给受教者方法与能力。本系列教材尽可能地介绍清楚问题和概念的来龙去脉，尽可能地解释清楚解决问题的思路和方法，以提高学生的创新意识与探索精神。

以上是华商学院会计学院编写本套系列教材的理念与原则，本套系列教材的编写也是会计学院各位教师经多年深耕教学教研的结晶或众缘成就。受制于各种因素的影响，编写者可能做得并不是非常到位，存在着些许不足与遗憾，但也为编写者进一步完善教材提供了动力。我们希望使用这套系列教材的师生和读者多提宝贵意见，不断完善本套教材。最后，相信我们的会计教育工作者，无愧于新时代的召唤，会为我国的会计教育做出更大的贡献。

是为总序。

广州华商学院会计学院

2024 年 12 月

前　言

在当今经济社会快速发展的时代背景下，会计作为一门重要的商业语言，对于各类组织和个人的经济决策与管理起着至关重要的作用。为了帮助广大学习者更好地掌握基础会计知识，我们精心编写了这本《基础会计》教材学习指导。

本学习指导以教育部颁布的相关教学大纲为依据，结合基础会计课程的教学实际和学生的学习需求，系统阐述了基础会计的基本理论、基本方法和基本技能。全书共分为九章，内容涵盖了总论、会计要素与会计等式、账户与复式记账、借贷计账法的运用、会计凭证、会计账簿、财产清查、财务会计报告以及会计组织工作等方面。

本学习指导具有以下显著特点：

一、结构清晰，内容全面。学习指导各章均按照"知识点回顾""基础知识巩固""能力提升训练""综合拓展"的结构进行编排。"知识点回顾"部分对每章的核心内容进行了系统梳理，帮助学习者构建知识框架；"基础知识巩固"部分通过选择题、判断题等题型，对基本概念和原理进行强化训练，为后续学习打下坚实基础；"能力提升训练"部分包含简答题、计算业务题和案例分析题等主观题型，注重培养学习者运用所学知识解决实际问题的能力；"综合拓展"部分则通过综合性问题和知识的拓展延伸题，引导学习者深入思考，拓宽知识面，提升综合素养。

二、注重实践，学以致用。基础会计是一门实践性很强的课程，本学习指导在编写过程中充分体现了这一特点。通过大量的实例和案例分析，将理论知识与实际操作紧密结合，使学习者能够更好地理解和掌握会计核算的方法和流程。同时，学习指导还设置了丰富的计算业务题，让学习者在实践中熟练运用会计分录和账户处理等技能，提高实际操作能力。

三、难易适度，循序渐进。学习指导在内容的安排上遵循由浅入深、循序渐进的原则，充分考虑了学习者的认知规律和学习特点。各章的习题难度适中，既有对基础知识的巩固练习，又有对重点难点内容的强化训练，逐步提高学习者的学习能力和水平。同时，学习指导还对一些较难的知识点进行了详细的讲解和分析，帮助学习者克服学习困难。

四、思政融合，立德树人。本学习指导在传授会计专业知识的同时，注重融入思想政治教育元素，将立德树人的根本任务贯穿于学习指导始终。通过选取具有思政教育意义的案例和题目，引导学习者树立正确的价值观、职业道德观和社会责任感，培养德才兼备的高素质会计人才。

本学习指导不仅可作为高等院校财经类专业学生的学习指导用书，也可供广大会计从业人员和对会计知识感兴趣的人士自学参考。在编写过程中，由朱小云老师总编全书内容，徐蓉老师参编第六、第七章，我们参考了国内外众多优秀的会计教材和相关文献，并结合了我们多年的教学经验和实践成果，力求使学习指导具有较高的科学性、实用性和可读性。

由于编者水平有限，书中难免存在不足之处，敬请广大读者批评指正。我们衷心希望本教材能够为广大学习者提供有益的帮助，祝愿大家在基础会计的学习中取得优异的成绩！

编者

2024 年 11 月

目　录

第一章
总 论

一、会计的产生与发展

1. 国外发展

公元前 4000 年左右,两河流域的美索不达米亚地区的人在泥板上记录神殿财物收支等交易事项,开创有文字记录的人类会计文明。

公元前 3400~前 3000 年,古城乌鲁克的泥板记载了大麦的收支情况。

公元前 3100 年,埃及王朝产生了某种意义上的会计账簿。

公元前 1776 年左右,《汉谟拉比法典》认为会计账目是政府征税和诉讼的依据。

公元前 4 世纪,雅典拥有审计法院和会计制度。

公元 4 世纪左右,罗马帝国皇帝制定的政府预算表体现了"量入为出"理财思想。

1096~1291 年间,十字军东征促进了会计记录的发展。

1494 年,卢卡·帕乔利出版《算术、几何、比与比例概要》,总结威尼斯复式记账法并传播到欧洲各国。

1602 年,荷兰东印度公司发行股票,股份公司的诞生加大了对会计信息的需求。

1673 年,法国颁布《商事王令》规范批发商账簿设置。

18 世纪,工业革命带来会计职业的兴起和发展,英国成为世界会计发展中心。

1830 年,美国进入铁路经济时代,金融工具的出现促进了会计核算的发展和企业向公司制的转变。

1929~1933 年经济危机后,美国颁布相关法律,规范上市公司财务报告,成立会计准则制定机构。

2. 中国发展

结绳记事是会计的雏形，后有甲骨文记录出猎收获等。

西周时期，国家设立"司会"对财务收支进行月计、岁会。

春秋时期，孔子提出"会计当而已矣"的会计原则。

秦汉时期，建立以"入出"为符号的会计记录和三柱结算法，有严格审计制度。

南北朝时期，苏卓创造"朱出墨入记账法"。

唐宋时期，创立四柱结算法，产生代表性会计著作。

明代的"三脚账"是不完全的复式记账。

明末清初的龙门账标志着中式簿记向复式记账转变。

清代出现"四脚账法"，与西方复式记账法原理相当。

辛亥革命后，中西式会计并存，中华人民共和国成立后制定多种会计制度，形成与计划经济相适应的会计体系。

二、会计的定义与目标

1. 定义

以货币为主要计量单位，但不是唯一计量单位，还运用实物量和劳动量辅助计量。具有连续性、系统性、全面性、综合性特点。核算和监督是两个基本职能，核算是基础，监督是保障。

2. 目标

（1）直接目标：为企业经营者、投资者、债权人等提供决策有用的会计信息。

（2）间接目标：提高企业经济效益。受托责任观强调向资源提供者报告受托管理情况；决策有用观强调提供有利于决策的信息，两者相互联系、补充。我国会计准则规定会计报告目标兼具两者特点。

三、会计信息质量要求与会计假设

1. 会计信息质量要求

可靠性：以实际发生的交易或事项为依据，保证信息真实可靠、内容完整。

相关性：与使用者经济决策相关，具有预测价值和确证价值。

可理解性：信息清晰明了，便于使用者理解和使用。

可比性：包括纵向可比（同一企业不同时期）和横向可比（不同企业同一时期）。

实质重于形式：根据交易实质进行会计确认、计量和报告，不拘泥于法律形式。

重要性：区别经济业务重要程度，分别处理。

谨慎性：不应高估资产或收益、低估负债或费用。

及时性：及时确认、计量和报告，兼顾相关性和可靠性。

2. 会计假设

（1）会计主体假设：为会计核算和报告限定空间范围，明确为谁记账、报告，可大可小，不一定是法律主体。

（2）持续经营假设：假定企业在可预见的未来持续经营，是会计核算的重要前提。

（3）会计分期假设：将企业持续经营活动划分为会计期间，便于分期结算账目和编制财务报告。

（4）货币计量假设：以货币作为计量尺度，同时假设币值稳定，记账本位币通常为人民币。

四、会计方法体系与会计法律法规体系

1. 会计方法体系

（1）会计核算方法：设置账户、复式记账、填制和审核凭证、登记账簿、成本计算、财产清查、编制财务报告，是基础。

（2）会计分析方法：利用会计核算资料进行分析，提出计划、预算和备选方案并评价。

（3）会计检查方法：检查经济活动合理性、合法性及会计核算资料真实性、正确性。

2. 会计法律法规体系

（1）会计法律：由全国人大及其常委会制定，如《会计法》《注册会计师法》，是会计规范体系中权威性最高的规范。

（2）会计行政法规：由国务院制定或批准发布，如《总会计师条例》《企业财务会计报告条例》，是对会计法律的具体化或补充。

（3）会计部门规章：由财政部制定，如《企业会计准则》《企业会计制度》等。

（4）地方性会计法规：由地方权力机关制定，对本地区会计工作进行规范，是会计法律法规体系的补充。

基础知识巩固 ➤➤➤➤➤➤➤➤➤➤➤➤

一、单选题

1. 会计的产生与发展是随着（　　　）的发展而不断演进的。
   A. 社会生产力 　　　　　B. 生产关系
   C. 经济活动 　　　　　　D. 以上都是

2. 公元前 4000 年左右，开创有文字记录的人类会计文明的是（　　　）。

A. 古埃及人

B. 两河流域的美索不达米亚地区的人

C. 古希腊人

D. 古罗马人

3. 我国古代"会计"一词最早出现在（　　）时期。

 A. 西周   B. 春秋

 C. 战国   D. 秦朝

4. 会计的基本职能包括（　　）。

 A. 核算与监督   B. 预测与决策

 C. 计划与控制   D. 分析与考核

5. 会计核算的主要计量单位是（　　）。

 A. 实物量度   B. 劳动量度

 C. 货币量度   D. 以上都是

6. 会计监督的依据是（　　）。

 A. 会计凭证   B. 会计账簿

 C. 会计报表   D. 合法性和合理性

7. 企业提供的会计信息应当清晰明了，便于财务会计报告使用者理解和使用，这体现了会计信息质量要求的（　　）。

 A. 可靠性   B. 相关性

 C. 可理解性   D. 可比性

8. 企业对于已经发生的交易或者事项，应当及时进行会计确认、计量和报告，不得提前或者延后，这体现了会计信息质量要求的（　　）。

 A. 及时性   B. 谨慎性

 C. 重要性   D. 实质重于形式

9. 强调会计信息的相关性，要求企业提供的会计信息应当与（　　）相关。

 A. 财务会计报告使用者的经济决策需要

 B. 企业管理层的管理需要

 C. 国家宏观经济管理需要

 D. 企业内部各部门的管理需要

10. 企业应当以实际发生的交易或者事项为依据进行会计确认、计量和报告，如实反映符合确认和计量要求的各项会计要素及其他相关信息，保证会计信息真实可靠、内容完整，这体现了会计信息质量要求的（　　）。

 A. 可靠性   B. 相关性

 C. 可理解性   D. 可比性

11. 会计主体假设规定了会计核算的（　　）。

A. 时间范围   B. 空间范围

C. 核算方法   D. 计量属性

12. 持续经营假设是指在（   ），企业将会按当前的规模和状态继续经营下去，不会停业，也不会大规模削减业务。

A. 一年以内   B. 一个营业周期内

C. 可预见的未来   D. 永远

13. 会计分期假设是将企业持续经营的生产经营活动划分为一个个连续的、长短相同的期间，通常分为（   ）。

A. 年度和月度   B. 年度和季度

C. 年度和半年度   D. 年度和中期

14. 货币计量假设是指会计主体在会计核算过程中以（   ）作为计量尺度。

A. 实物量度   B. 劳动量度

C. 货币量度   D. 时间量度

15. 我国企业会计准则规定，企业的会计核算以（   ）为记账本位币。

A. 人民币   B. 美元

C. 欧元   D. 任意货币

16. 会计核算方法体系的核心是（   ）。

A. 填制和审核凭证   B. 复式记账

C. 登记账簿   D. 编制财务报表

17. 下列属于会计核算方法的是（   ）。

A. 成本计算   B. 财产清查

C. 设置账户   D. 以上都是

18. 我国会计法律法规体系的最高层次是（   ）。

A. 会计法律   B. 会计行政法规

C. 会计部门规章   D. 地方性会计法规

1.1 单选题

二、多选题

1. 会计的发展经历了以下几个阶段。（   ）

A. 古代会计   B. 近代会计

C. 现代会计   D. 未来会计

2. 会计的特点包括（   ）。

A. 以货币为主要计量单位

B. 对经济活动进行全面、连续、系统的核算和监督

C. 以凭证为依据

D. 具有一整套科学、完整的方法体系

3. 会计信息的使用者包括（   ）。

  A. 企业投资者   B. 企业债权人

  C. 企业管理层   D. 政府及其有关部门

4. 会计信息质量要求的相关性要求企业提供的会计信息应当与（ ）相关。

  A. 投资者的投资决策

  B. 债权人的信贷决策

  C. 企业内部管理层的管理决策

  D. 国家宏观经济管理决策

5. 会计假设包括（ ）。

  A. 会计主体假设   B. 持续经营假设

  C. 会计分期假设   D. 货币计量假设

6. 下列属于会计核算方法的有（ ）。

  A. 设置账户   B. 复式记账

  C. 填制和审核凭证   D. 登记账簿

7. 我国会计法律法规体系包括（ ）。

  A. 会计法律   B. 会计行政法规

  C. 会计部门规章   D. 地方性会计法规

1.2　多选题

三、判断题

1. 会计是随着社会生产力的发展而产生和发展的。 （ ）

2. 会计的职能只有核算和监督。 （ ）

3. 会计主体一定是法律主体。 （ ）

4. 持续经营假设是会计分期假设的前提。 （ ）

5. 货币计量假设隐含着币值稳定的假设。 （ ）

6. 会计信息质量要求中的可靠性要求企业提供的会计信息应当绝对准确。 （ ）

7. 相关性要求企业提供的会计信息应当与财务会计报告使用者的经济决策需要相关，因此，相关性等同于有用性。 （ ）

8. 谨慎性要求企业在进行会计核算时，不得多计资产或收益、少计负债或费用。 （ ）

9. 重要性要求企业提供的会计信息应当反映与企业财务状况、经营成果和现金流量有关的所有重要交易或者事项。 （ ）

10. 实质重于形式，要求企业应当按照交易或者事项的法律形式进行会计核算。 （ ）

1.3　判断题

11. 会计核算方法是对各单位已经发生的经济活动进行连续、系统、完整的核算和监督所应用的方法。 （ ）

能力提升训练 ➤➤➤➤➤➤➤➤➤➤➤➤➤

一、案例分析题

某公司是一家小型制造企业，在过去的一年中，公司管理层发现财务报表中的一些数据存在问题。例如，应收账款的余额过高，导致公司资金周转困难；存货周转率较低，影响了公司的盈利能力。经过调查，发现公司的会计人员在核算过程中存在一些不规范的操作，如没有及时核对客户的应收账款，对存货的计价方法选择不当等。请根据以上案例回答以下问题：

1. 该公司会计人员的不规范操作违背了哪些会计信息质量要求？
2. 针对公司目前存在的问题，你认为应该采取哪些措施来改进会计核算工作？

1.4 案例分析题

二、简答题

1. 简述会计的含义和特点。
2. 会计的基本职能有哪些？它们之间的关系是什么？
3. 会计信息质量要求包括哪些方面？请简要说明每个质量要求的含义。
4. 会计假设有哪些？它们各自的含义是什么？
5. 简述会计核算方法的体系构成及其相互关系。

1.5 简答题

三、论述题

1. 论述会计在经济管理中的作用。
2. 试分析会计信息质量要求中可靠性与相关性的关系，并说明在实际工作中如何平衡这两个要求。

1.6 论述题

综合拓展 ➤➤➤➤➤➤➤➤➤➤➤➤➤

1. 随着信息技术的发展，会计信息化已经成为企业财务管理的重要趋势。请你谈谈会计信息化对企业会计工作的影响。
2. 近年来，我国不断加强会计职业道德建设。请你阐述会计职业道德的重要性，并结合实际谈谈如何加强会计职业道德建设。
3. 你认为在日常生活中，有哪些地方会用到会计知识呢？请举例说明。
4. 假如你是一家小型商店的老板，你觉得会计对你的店铺管理有什么帮助呢？

1.7 综合拓展

第二章
会计要素与会计等式

一、会计对象与会计要素

1. 会计对象

指会计工作所要核算和监督的内容，即企事业单位的资金运动。资金运动具有客观性和抽象性。

2. 会计要素

◆资产：由过去的交易或事项形成，由企业拥有或控制，预期会给企业带来经济利益的资源。按流动性分为流动资产和非流动资产。

◆负债：由过去的交易或事项形成，预期会导致经济利益流出企业的现时义务。按流动性分为流动负债和非流动负债。

◆所有者权益：资产扣除负债后由所有者享有的剩余权益，来源包括所有者投入的资本、直接计入所有者权益的利得和损失、留存收益等。

◆收入：企业在日常活动中形成的、会导致所有者权益增加的、与所有者投入资本无关的经济利益的总流入。按广义分类包括营业收入和营业外收入。

◆费用：企业在日常活动中发生的、会导致所有者权益减少的、与向所有者分配利润无关的经济利益的总流出。狭义的费用包括营业成本、税金及附加、期间费用等。

◆利润：企业在一定会计期间的经营成果，包括营业利润、利润总额和净利润。

二、会计等式

◆静态会计等式：资产 = 负债 + 所有者权益，是资金的静态表现，是设置账户、复式记账和编制资产负债表的基础。

◆动态会计等式：收入 − 费用 = 利润，是资金运动的动态表现，是编制利润表的基础。

◆扩展的会计等式（动静态结合）：资产 = 负债 + 所有者权益 + （收入 - 费用），反映了企业财务状况和经营成果之间的关系。

三、会计要素的确认与计量

1. 会计要素的确认

◆初始确认：交易或事项发生时，按照会计要素的定义和确认条件进行记录。

◆后续确认：对已确认项目在持有期间的调整以及期末在对外列报时的合并与抵减。

◆终止确认：将不再满足资产或负债确认标准的项目加以清除。

2. 会计要素计量

◆历史成本：资产按照购置时的金额计量，负债按照承担现时义务时的金额计量。

◆重置成本：资产按照现在购买相同或相似资产的金额计量，负债按照现在偿付该项债务的金额计量。

◆可变现净值：资产按照正常对外销售所能收到的金额扣减相关成本、费用后的金额计量。

◆现值：资产按照预计未来净现金流入量的折现金额计量，负债按照预计未来净现金流出量的折现金额计量。

◆公允价值：资产和负债按照市场参与者在计量日发生的有序交易中，出售资产所能收到或转移负债所需支付的价格计量。

3. 会计确认与计量原则

◆历史成本计量原则：一般采用历史成本计量，其他计量属性需保证金额能够取得并可靠计量。

◆权责发生制原则：以权利和义务的归属期为标准确认收入和费用。

◆配比原则：将与收入有关的费用进行配比，计算当期损益。

◆划分收益性支出与资本性支出原则：根据支出的受益期限和目的，将支出分为收益性支出和资本性支出。

基础知识巩固 ►►►►►►►►►►►►►►►►►►

一、单选题

1. 会计对象是企事业单位在日常经营活动或业务活动中所表现出的（　　）。

　　A. 资金运动　　　　　　　B. 经济活动

    C. 财务状况   D. 经营成果

2. 下列各项中，不属于会计要素的是（　　　）。

    A. 资产   B. 负债

    C. 所有者权益   D. 成本

3. 资产的本质特征是（　　　）。

    A. 由过去的交易或事项形成

    B. 企业拥有或控制

    C. 预期会给企业带来经济利益

    D. 以上都是

4. 下列各项中，属于流动资产的是（　　　）。

    A. 应收账款   B. 固定资产

    C. 无形资产   D. 长期股权投资

5. 企业购入的准备随时变现的股票属于（　　　）。

    A. 库存现金   B. 银行存款

    C. 交易性金融资产   D. 应收账款

6. 下列各项中，不属于存货的是（　　　）。

    A. 原材料   B. 在产品

    C. 工程物资   D. 库存商品

7. 固定资产的特征不包括（　　　）。

    A. 为生产商品、提供劳务、出租或经营管理而持有

    B. 使用年限超过一年

    C. 具有实物形态

    D. 单位价值较高

8. 无形资产是指企业拥有或控制的没有实物形态的（　　　）。

    A. 可辨认非货币性资产   B. 不可辨认非货币性资产

    C. 可辨认货币性资产   D. 不可辨认货币性资产

9. 负债是指企业过去的交易或事项形成的，预期会导致经济利益流出企业的（　　　）。

    A. 现时义务   B. 潜在义务

    C. 过去义务   D. 未来义务

10. 下列各项中，属于流动负债的是（　　　）。

    A. 长期借款   B. 应付债券

    C. 预收账款   D. 长期应付款

11. 企业向银行借入的期限为3年的借款属于（　　　）。

    A. 短期借款   B. 长期借款

    C. 应付账款   D. 其他应付款

12. 所有者权益是企业资产扣除负债后由所有者享有的（　　　）。

    A. 剩余权益   B. 经济利益

C. 实收资本　　　　　　　　D. 资本公积

13. 所有者权益的来源不包括（　　）。

    A. 所有者投入的资本

    B. 直接计入所有者权益的利得和损失

    C. 留存收益

    D. 应付账款

14. 企业收到投资者投入的资本，应计入（　　）。

    A. 实收资本　　　　　　　　B. 资本公积

    C. 盈余公积　　　　　　　　D. 未分配利润

15. 资本公积的主要用途是（　　）。

    A. 弥补亏损　　　　　　　　B. 转增资本

    C. 分配利润　　　　　　　　D. 提取盈余公积

16. 未分配利润是企业留待以后年度分配的利润，其数额等于
（　　）。

    A. 期初未分配利润 + 本期实现的净利润 – 本期提取的盈余
      公积 – 本期向投资者分配的利润

    B. 期初未分配利润 + 本期实现的净利润 – 本期提取的盈余
      公积

    C. 本期实现的净利润 – 本期提取的盈余公积 – 本期向投资
      者分配的利润

    D. 本期实现的净利润 – 本期提取的盈余公积

17. 收入是指企业在日常活动中形成的、会导致所有者权益增加
的、与所有者投入资本（　　）的经济利益的总流入。

    A. 有关　　　　　　　　　　B. 无关

    C. 可能有关　　　　　　　　D. 可能无关

18. 企业销售商品取得的收入应计入（　　）。

    A. 主营业务收入　　　　　　B. 其他业务收入

    C. 营业外收入　　　　　　　D. 投资收益

19. 下列各项中，不属于收入的是（　　）。

    A. 销售商品收入　　　　　　B. 提供劳务收入

    C. 让渡资产使用权收入　　　D. 罚款收入

20. 费用是指企业在日常活动中发生的、会导致所有者权益减少
的、与向所有者分配利润（　　）的经济利益的总流出。

    A. 有关　　　　　　　　　　B. 无关

    C. 可能有关　　　　　　　　D. 可能无关

21. 企业为生产产品而发生的各项间接费用应计入（　　）。

    A. 生产成本　　　　　　　　B. 制造费用

    C. 管理费用　　　　　　　　D. 销售费用

22. 下列各项中，属于期间费用的是（　　　）。
　　A. 制造费用　　　　　　　　B. 财务费用
　　C. 生产成本　　　　　　　　D. 直接材料

23. 企业发生的广告费应计入（　　　）。
　　A. 销售费用　　　　　　　　B. 管理费用
　　C. 财务费用　　　　　　　　D. 制造费用

24. 利润是企业在一定会计期间的（　　　）。
　　A. 经营收入　　　　　　　　B. 经营成果
　　C. 经营毛利　　　　　　　　D. 经营利润

25. 营业利润等于（　　　）。
　　A. 营业收入 – 营业成本 – 税金及附加 – 销售费用 – 管理费用 – 财务费用 – 资产减值损失 + 公允价值变动收益 + 投资收益
　　B. 营业收入 – 营业成本 – 税金及附加 – 销售费用 – 管理费用 – 财务费用 – 资产减值损失
　　C. 营业收入 – 营业成本 – 税金及附加 – 销售费用 – 管理费用 – 财务费用
　　D. 营业收入 – 营业成本 – 税金及附加

26. 利润总额等于（　　　）。
　　A. 营业利润 + 营业外收入 – 营业外支出
　　B. 营业利润 + 营业外收入
　　C. 营业利润 – 营业外支出
　　D. 营业利润

27. 净利润等于（　　　）。
　　A. 利润总额 – 所得税费用
　　B. 利润总额 + 所得税费用
　　C. 营业利润 – 所得税费用
　　D. 营业利润 + 所得税费用

28. 会计等式"资产 = 负债 + 所有者权益"反映了企业（　　　）。
　　A. 某一特定日期的财务状况
　　B. 某一特定时期的财务状况
　　C. 某一特定日期的经营成果
　　D. 某一特定时期的经营成果

29. 企业以银行存款偿还短期借款，会引起（　　　）。
　　A. 资产减少，负债增加
　　B. 资产减少，负债减少
　　C. 资产增加，负债减少
　　D. 资产增加，负债增加

30. 某企业期末流动资产余额为 2 388 692 元，非流动资产余额为 5 361 000 元，流动负债余额为 1 937 917 元，非流动负债余额为 1 067 900 元。该企业期末所有者权益总额为（　　）元。

    A. 5 811 775　　　　　　　B. 4 743 875

    C. 6 681 792　　　　　　　D. 2 355 183

31. 企业月初资产总额为 300 万元，本月发生下列经济业务：（1）赊购材料 10 万元；（2）用银行存款偿还短期借款 20 万元；（3）收到购货单位偿还的欠款 15 万元存入银行。该企业月末资产总额为（　　）万元。

    A. 295　　　　B. 310　　　　C. 290　　　　D. 305

32. 某企业 2024 年 1 月 1 日资产总额为 100 万元，1 月发生下列经济业务：（1）以银行存款购买原材料 20 万元；（2）向银行借款 30 万元，款项存入银行；（3）用银行存款偿还前欠货款 10 万元。则该企业 1 月末资产总额为（　　）万元。

    A. 120　　　　B. 130　　　　C. 140　　　　D. 150

33. 某企业资产总额为 500 万元，所有者权益为 400 万元。向银行借入 70 万元借款后，负债总额为（　　）万元。

    A. 170　　　　B. 100　　　　C. 70　　　　D. 30

34. 某企业固定资产账户期初余额为 10 万元，本期增加了 5 万元，减少了 3 万元，则期末余额为（　　）万元。

    A. 12　　　　B. 15　　　　C. 8　　　　D. 2

35. 某企业原材料账户期初余额为 50 万元，本期购入材料 30 万元，发出材料 40 万元，则期末余额为（　　）万元。

    A. 40　　　　B. 60　　　　C. 30　　　　D. 20

36. 企业从银行借入期限为 3 个月的借款，应贷记（　　）科目。

    A. 短期借款　　　　　　　B. 长期借款

    C. 银行存款　　　　　　　D. 应付账款

37. 某企业本月主营业务收入为 100 万元，其他业务收入为 20 万元，主营业务成本为 80 万元，其他业务成本为 10 万元，销售费用为 5 万元，管理费用为 8 万元，财务费用为 2 万元，营业外收入为 5 万元，营业外支出为 3 万元。该企业本月营业利润（　　）万元。

    A. 20　　　　B. 15　　　　C. 25　　　　D. 17

38. 某企业月初资产总额为 80 万元，本月发生下列经济业务：（1）从银行取得借款 5 万元存入银行；（2）用银行存款购买原材料 2 万元；（3）收回应收账款 3 万元存入银行。则该企业月末资产总额为（　　）万元。

    A. 86　　　　B. 83　　　　C. 82　　　　D. 85

39. 某企业期末资产总额为 500 万元，负债总额为 200 万元，所有者权益总额为 300 万元。本期发生下列经济业务：（1）以银行存款 10 万元偿还前欠货款；（2）收到投资者投入的设备一台，价值 20 万元。则该企业期末资产总额为（ ）万元。

    A. 510   B. 520   C. 530   D. 490

40. 某企业资产总额为 200 万元，当发生下列经济业务后：（1）取得短期借款 15 万元存入银行；（2）收回应收账款 5 万元存入银行；（3）用银行存款偿还应付账款 10 万元。其权益总额为（ ）万元。

    A. 215   B. 205

    C. 210   D. 220

2.1 单选题

二、多选题

1. 会计要素的计量属性包括（ ）。
    A. 历史成本   B. 重置成本
    C. 可变现净值   D. 现值
    E. 公允价值

2. 下列各项中，属于资产确认条件的有（ ）。
    A. 与该资源有关的经济利益很可能流入企业
    B. 该资源的成本或者价值能够可靠地计量
    C. 由过去的交易或事项形成
    D. 企业拥有或控制

3. 下列各项中，属于流动资产的有（ ）。
    A. 库存现金   B. 银行存款
    C. 应收账款   D. 预付账款
    E. 存货

4. 下列各项中，属于非流动资产的有（ ）。
    A. 长期股权投资   B. 固定资产
    C. 无形资产   D. 在建工程
    E. 长期待摊费用

5. 下列各项中，属于负债确认条件的有（ ）。
    A. 与该义务有关的经济利益很可能流出企业
    B. 未来流出的经济利益的金额能够可靠地计量
    C. 由过去的交易或事项形成
    D. 是企业承担的现时义务

6. 下列各项中，属于流动负债的有（ ）。
    A. 短期借款   B. 应付账款
    C. 预收账款   D. 应付职工薪酬
    E. 应交税费

7. 下列各项中，属于非流动负债的有（ ）。

A. 长期借款   B. 应付债券

C. 长期应付款   D. 预计负债

E. 递延所得税负债

8. 所有者权益包括（   ）。

A. 实收资本   B. 资本公积

C. 盈余公积   D. 未分配利润

9. 收入的特征包括（   ）。

A. 收入是从企业的日常活动中产生的

B. 收入会导致所有者权益增加

C. 收入是与所有者投入资本无关的经济利益的总流入

D. 收入可能表现为资产的增加或负债的减少

10. 费用的特征包括（   ）。

A. 费用是企业在日常活动中发生的

B. 费用会导致所有者权益减少

C. 费用是与向所有者分配利润无关的经济利益的总流出

D. 费用可能表现为资产的减少或负债的增加

11. 利润包括（   ）。

A. 营业利润   B. 利润总额

C. 净利润   D. 主营业务利润

E. 其他业务利润

12. 下列经济业务中，会引起会计等式两边总额发生变化的有
（   ）。

A. 以银行存款购买原材料   B. 以银行存款偿还前欠货款

C. 收到投资者投入的资金   D. 将资本公积转增资本

E. 宣告分配现金股利

13. 下列各项中，属于会计等式的有（   ）。

A. 资产 = 负债 + 所有者权益

B. 收入 – 费用 = 利润

C. 资产 = 权益

D. 资产 = 负债 + 所有者权益 +（收入 – 费用）

14. 下列各项中，影响营业利润的有（   ）。

A. 营业收入   B. 营业成本

C. 税金及附加   D. 销售费用

E. 管理费用   F. 财务费用

G. 资产减值损失   H. 公允价值变动收益

I. 投资收益

15. 下列各项中，影响利润总额的有（   ）。

A. 营业利润   B. 营业外收入

C. 营业外支出   D. 所得税费用

16. 下列各项中，属于期间费用的有（　　　）。

     A. 销售费用   B. 管理费用

     C. 财务费用   D. 制造费用

17. 下列各项中，应计入产品成本的有（　　　）。

     A. 直接材料   B. 直接人工

     C. 制造费用   D. 管理费用

18. 下列各项中，应计入管理费用的有（　　　）。

     A. 管理人员工资   B. 办公费

     C. 差旅费   D. 业务招待费

     E. 折旧费

19. 下列各项中，应计入销售费用的有（　　　）。

     A. 广告费

     B. 展览费

     C. 销售机构的职工薪酬

     D. 销售机构的固定资产折旧费

20. 下列各项中，属于会计核算方法的有（　　　）。

     A. 设置账户   B. 复式记账

     C. 填制和审核凭证   D. 登记账簿

     E. 成本计算   F. 财产清查

     G. 编制财务报表

21. 下列各项中，属于会计核算方法的有（　　　）。

     A. 设置会计科目和账户   B. 复式记账

     C. 成本计算   D. 财产清查

     E. 编制财务会计报告

22. 下列各项中，属于资产类科目的有（　　　）。

     A. 库存现金   B. 银行存款

     C. 应收账款   D. 预收账款

     E. 固定资产

23. 下列各项中，属于负债类科目的有（　　　）。

     A. 短期借款   B. 应付账款

     C. 预付账款   D. 应交税费

     E. 长期借款

24. 下列各项中，会引起会计等式两边同时发生变动的有（　　　）。

     A. 收到投资者投入的设备

     B. 以银行存款偿还短期借款

     C. 从银行提取现金

     D. 以银行存款购买原材料

E. 宣告分配现金股利

25. 下列各项中,影响企业营业利润的有 (　　　)。

    A. 营业收入 　　　　　　　B. 营业成本

    C. 税金及附加 　　　　　　D. 销售费用

    E. 管理费用 　　　　　　　F. 财务费用

    G. 资产减值损失 　　　　　H. 公允价值变动收益

    I. 投资收益

26. 下列各项中,属于期间费用的有 (　　　)。

    A. 制造费用 　　　　　　　B. 销售费用

    C. 管理费用 　　　　　　　D. 财务费用

    E. 生产成本

27. 下列各项中,应计入产品成本的有 (　　　)。

    A. 直接材料 　　　　　　　B. 直接人工

    C. 制造费用 　　　　　　　D. 管理费用

    E. 销售费用

28. 下列各项中,属于所有者权益的有 (　　　)。

    A. 实收资本 　　　　　　　B. 资本公积

    C. 盈余公积 　　　　　　　D. 未分配利润

    E. 应收账款

29. 下列各项中,属于会计要素计量属性的有 (　　　)。

    A. 历史成本 　　　　　　　B. 重置成本

    C. 可变现净值 　　　　　　D. 现值

    E. 公允价值

30. 某企业月初资产总额为 100 万元,负债总额为 40 万元。本月发生下列经济业务:(1)向银行借入 30 万元短期借款存入银行;(2)用银行存款购买原材料 5 万元;(3)以银行存款偿还前欠货款 10 万元。则月末该企业的 (　　　)。

    A. 资产总额为 125 万元

    B. 负债总额为 60 万元

    C. 所有者权益总额为 60 万元

    D. 资产总额为 115 万元

31. 企业月初资产总额为 300 万元,负债总额为 100 万元,本月发生下列经济业务:(1)赊购材料 10 万元;(2)用银行存款偿还短期借款 20 万元;(3)收到购货单位偿还的欠款 15 万元存入银行;(4)以资本公积转增资本 5 万元。则月末资产总额为 (　　　) 万元,负债总额为 (　　　) 万元。

    A. 290 　　　　　　　　　　B. 295

    C. 90 　　　　　　　　　　　D. 85

2.2　多选题

32. 某企业本期期初资产总额为 100 万元,本期期末负债总额比期初减少了 10 万元,所有者权益比期初增加了 30 万元。该企业期末资产总额为（　　　）万元,本期发生的经济业务可能有（　　　）。

  A. 120

  B. 130

  C. 接受投资者投入设备一台,价值 20 万元

  D. 以银行存款偿还短期借款 10 万元

三、判断题

1. 会计对象就是会计核算和监督的内容。（　　）

2. 资产是企业拥有或控制的资源,所以企业对资产都拥有所有权。（　　）

3. 流动资产是指可以在一年内变现或耗用的资产。（　　）

4. 负债是企业过去的交易或事项形成的,未来发生的交易或事项形成的义务不属于负债。（　　）

5. 所有者权益是企业资产扣除负债后由所有者享有的剩余权益,其金额取决于资产和负债的计量。（　　）

6. 收入是企业在日常活动中形成的经济利益的总流入,所以企业处置固定资产取得的收入属于收入。（　　）

7. 费用是企业在日常活动中发生的经济利益的总流出,所以企业向所有者分配利润也属于费用。（　　）

8. 利润是企业在一定会计期间的经营成果,包括收入减去费用后的净额、直接计入当期利润的利得和损失等。（　　）

9. 会计等式"资产 = 负债 + 所有者权益"是恒等式,无论经济业务如何变化,都不会破坏其平衡关系。（　　）

10. 经济业务的发生可能会引起会计等式两边总额同时增加、同时减少或一边增加一边减少,但不会破坏会计等式的平衡关系。（　　）

11. 企业以银行存款购买原材料,会引起资产内部一增一减,资产总额不变。（　　）

12. 企业从银行借入短期借款,会引起资产和负债同时增加。（　　）

13. 企业宣告分配现金股利,会引起负债增加,所有者权益减少。（　　）

14. 历史成本计量是指按照购置时支付的现金或现金等价物的金额计量。（　　）

2.3　判断题

15. 权责发生制是以实际收到或支付款项为标准来确认收入和费用的。（　　）

▰▰▰▰ **能力提升训练** ➤➤➤➤➤➤➤➤➤➤➤➤➤➤➤➤➤➤➤➤

一、业务题

1. 某企业 2024 年 1 月 1 日资产总额为 100 万元，负债总额为 40 万元。1 月发生下列经济业务：

（1）从银行取得借款 20 万元，存入银行。

（2）用银行存款购买原材料 5 万元。

（3）收回应收账款 8 万元，存入银行。

（4）以银行存款偿还前欠货款 7 万元。

要求：计算该企业 1 月末的资产总额、负债总额和所有者权益总额。

2. 某企业 2024 年 12 月 31 日部分账户余额如下表所示。

账户名称	借方余额（元）	账户名称	贷方余额（元）
库存现金	5 000	短期借款	20 000
银行存款	80 000	应付账款	30 000
应收账款	35 000	应交税费	10 000
原材料	20 000	长期借款	50 000
库存商品	40 000	实收资本	125 000
固定资产	120 000	盈余公积	20 000
累计折旧	30 000	利润分配	15 000

要求：根据上述资料计算该企业 2024 年 12 月 31 日的资产总额、负债总额和所有者权益总额。

3. 某企业 2024 年 1 月 1 日的资产、负债和所有者权益状况如下表所示。

项目	金额（万元）	项目	金额（万元）
库存现金	5	应付账款	30
银行存款	80	实收资本	200
应收账款	30	资本公积	50
原材料	50	盈余公积	25
固定资产	200	未分配利润	20
短期借款	40		

1 月该企业发生了以下经济业务：

（1）从银行借入短期借款 20 万元，存入银行。

（2）用银行存款购买原材料 10 万元。

（3）收回客户前欠货款 15 万元，存入银行。

（4）以银行存款偿还前欠货款 10 万元。

（5）接受投资者投入的设备一台，价值 30 万元。

（6）将资本公积 20 万元转增资本。

要求：根据上述经济业务，分析对资产、负债和所有者权益的影响，并填入下表。

业务序号	资产	负债	所有者权益
（1）	增加 20 万元（银行存款）	增加 20 万元（短期借款）	无变化
（2）			
（3）			
（4）			
（5）			
（6）			

2.4 业务题

计算该企业 1 月末的资产、负债和所有者权益总额，并验证会计等式是否平衡。

二、问答题

1. 简述资产的定义和确认条件。

2. 负债和所有者权益有哪些区别？

3. 费用与损失有什么区别？

4. 会计等式有哪些？它们之间有什么联系？

2.5 问答题

综合拓展 ▶▶▶▶▶▶▶▶▶▶▶▶▶

1. 结合实际案例，分析会计要素的计量属性在企业中的应用。

2. 某企业在进行财务分析时，发现资产负债率过高，可能面临较大的财务风险。请你从会计等式的角度，分析企业可以采取哪些措施来降低资产负债率。

3. 假设你是一名企业财务顾问，该企业的所有者权益为负数，处于亏损状态。请你运用会计等式的原理，为企业提出一些改善财务状况的建议。

4. 某企业在追求经济效益的过程中，忽视了环境保护，导致周边环境受到严重污染。当地居民多次向企业反映问题，但企业并未重视。后来，环保部门介入调查，对企业进行了严厉处罚，并要求企业限期整改。这一事件引起了社会的广泛关注，企业的声誉也受到了极大的影响。请结合会计要素和会计等式，分析该企业的行为对其财务状况可能产生的影响，并从思政角度谈谈你的看法。

2.6 综合拓展

第三章
账户与复式记账

一、会计科目

1. 设置会计科目的意义

会计科目是对会计要素进一步分类的项目，是会计要素的具体化，通过设置会计科目可将会计要素的增减变化分类记录，提供具体、分类的指标，是会计核算的专门方法，也是分类管理和适应管理的需要。

2. 设置会计科目的原则

合法性原则：企业和行政事业单位设置的会计科目应符合国家有关会计法规规定。

相关性原则：设置会计科目应考虑各方面对会计信息的需求，提高会计信息的相关性。

实用性原则：会计科目应符合本单位自身特点，体现行业和企业特色，满足实际核算需要，且简单明确、字义相符并保持相对稳定。

3. 会计科目的分类

按反映的经济内容分类：可分为资产类、负债类、所有者权益类、损益类、成本类、共同类。

按提供指标的详细程度分类：可分为总分类科目和明细分类科目。总分类科目是对会计要素具体内容进行总括分类核算的科目；明细分类科目是对会计要素具体内容作进一步详细分类核算的科目，可分为子目和细目。

二、会计账户

1. 会计账户的作用

账户是根据会计科目设置的，具有一定格式和结构，用于分类反映会计要素增减变动情况及其结果的载体。会计科目是账户的名称，账户是会计科目的具体运用，通过账户的结构反映经济业务的增减变动及其余额。

2. 会计账户的结构——账户的格式

一般包括账户名称、日期和摘要、凭证字号、金额（增加数、减少数和余额）。教学中常用"T"型账户，其左方为借方，右方为贷方。

3. 账户记账规则

资产与费用类账户借方记录增加额，贷方记录减少额；负债、所有者权益和收入类账户贷方记录增加额，借方记录减少额。任何账户的正常余额都在增加额那一方。账户本期发生额及期末余额：本期增加发生额和减少发生额统称为本期发生额；会计期末的增减变动结果称为余额，包括期初余额和期末余额。期末余额 = 期初余额 + 本期增加发生额 − 本期减少发生额。

4. 会计账户的分类

按经济内容分类：可分为资产类账户、负债类账户、所有者权益类账户、收入类账户、费用类账户和利润类账户。

按提供指标详细程度分类：可分为总分类账户和明细分类账户。总分类账户对明细分类账户具有统驭和控制作用，明细分类账户对总分类账户有补充和说明作用，二者登记时要遵循平行登记的原理。

按用途和结构分类：可分为盘存账户、资本账户、结算账户、成本计算账户、跨期摊配账户、集合分配账户、调整账户、损益计算账户和财务成果账户等九类账户。

三、复式记账

1. 记账方法的演变

记账方法分为单式记账法和复式记账法。单式记账法是对每一项经济业务只在一个账户中进行登记的记账方法，已很少采用；复式记账法是对每一笔经济业务都要以相等的金额，同时在两个或两个以上相互联系的账户中进行登记的记账方法，是一种比较科学的记账方法，我国采用借贷记账法。

2. 借贷记账法的内容及应用

（1）记账符号：以"借""贷"二字作为记账符号，"借""贷"只是标明记账方向，不具有实际含义。

（2）账户结构。

资产类账户：借方登记增加额，贷方登记减少额，期末借方余额 = 期初借方余额 + 本期借方发生额 − 本期贷方发生额。

负债类账户：借方登记减少额，贷方登记增加额，期末贷方余额＝期初贷方余额＋本期贷方发生额－本期借方发生额。

所有者权益类账户：借方登记减少额，贷方登记增加额，期末贷方余额＝期初贷方余额＋本期贷方发生额－本期借方发生额。

收入类账户：贷方登记增加额，借方登记转入"本年利润"账户的数额，期末一般无余额。

费用类账户：借方登记增加额，贷方登记转入"本年利润"账户的数额，期末一般无余额。

利润类账户："本年利润"账户贷方登记由收入类账户转入的金额，借方登记由成本、费用类账户转入的金额，余额在贷方表示盈利，在借方表示亏损；"利润分配——未分配利润"账户贷方登记由"本年利润"转入的利润额，借方登记由"本年利润"转入的亏损额和利润分配额，贷方余额表示留待以后再分配的利润。

（3）记账规则："有借必有贷，借贷必相等"，依据是会计恒等式中各要素之间的依存关系。

（4）会计分录及对应账户。

会计分录的含义：对每一项经济业务，按照借贷记账法的规则要求，分别列示应借应贷账户名称及其金额的一种记录方式。

会计分录的格式和编制步骤：包括基本格式（借方在上，贷方在下，借贷分行错格书写，金额单位省略且借贷总金额相等）和编制步骤（分析经济业务涉及的会计要素和账户名称、账户性质、增减变动情况，确定记入账户的方向和金额）。

会计分录的分类：分为简单会计分录（一借一贷）和复合会计分录（一借多贷、一贷多借、多借多贷）。

对应账户：同一笔会计分录中，账户之间的应借、应贷关系称为账户的对应关系；存在对应关系的账户称为对应账户，有助于了解经济业务的来龙去脉，检查会计处理是否合理合法。

3. 借贷记账法下的试算平衡

试算平衡的概念和种类：试算平衡是检验账户记录正确与否的专门方法，包括发生额试算平衡法（全部账户的本期借方发生额合计＝全部账户的本期贷方发生额合计）和余额试算平衡法（全部账户的借方期末余额合计＝全部账户的贷方期末余额合计）。

试算平衡表的编制：通过编制试算平衡表来验证，一般编制三栏式试算平衡表，包括期初余额、本期发生额和期末余额三栏，各栏下再设借方和贷方两个小栏。试算平衡只能检查借贷金额是否平衡，不能肯定记账一定正确，有些错误不影响借贷双方的平衡关系。

基础知识巩固 ➤➤➤➤➤➤➤➤➤➤➤➤➤➤➤➤

一、单选题

1. 会计科目是对（　　）的具体内容进行分类核算的项目。
   A. 会计对象 　　　　　　　　B. 会计要素
   C. 账户 　　　　　　　　　　D. 会计信息

2. 下列属于资产类科目的是（　　）。
   A. 应收账款 　　　　　　　　B. 预收账款
   C. 实收资本 　　　　　　　　D. 主营业务收入

3. 账户的基本结构一般不包括（　　）。
   A. 账户名称 　　　　　　　　B. 日期和摘要
   C. 凭证字号 　　　　　　　　D. 会计分录

4. 下列账户中，期末一般无余额的是（　　）。
   A. 资产类账户 　　　　　　　B. 负债类账户
   C. 所有者权益类账户 　　　　D. 收入类账户

5. 借贷记账法的记账符号"借"表示（　　）。
   A. 资产增加，权益减少 　　　B. 资产减少，权益增加
   C. 资产增加，权益增加 　　　D. 资产减少，权益减少

6. 某企业资产总额为 100 万元，当发生下列三笔经济业务后：①向银行借款 20 万元存入银行；②用银行存款偿还货款 5 万元；③收回应收账款 4 万元存入银行，其资产总额为（　　）万元。
   A. 115　　　　B. 119　　　　C. 111　　　　D. 71

7. 某企业月初权益总额为 80 万元，假定本月仅发生一笔以银行存款 10 万元偿还银行借款的经济业务，则该企业月末资产总额为（　　）万元。
   A. 70　　　　B. 80　　　　C. 90　　　　D. 100

8. 下列会计分录中，属于简单会计分录的是（　　）。
   A. 一借一贷 　　　　　　　　B. 一借多贷
   C. 一贷多借 　　　　　　　　D. 多借多贷

9. 企业购入原材料一批，价款 50 000 元，其中 40 000 元用银行存款支付，10 000 元尚未支付，假定不考虑增值税因素。该项经济业务的会计分录为（　　）。
   A. 借：原材料　　　　　　　　　　　　　　50 000
   　　　贷：银行存款　　　　　　　　　　　　　40 000
   　　　　　应付账款　　　　　　　　　　　　　10 000
   B. 借：原材料　　　　　　　　　　　　　　50 000

贷：银行存款　　　　　　　　　　50 000

C. 借：原材料　　　　　　　　　　40 000

　　贷：银行存款　　　　　　　　　　40 000

D. 借：原材料　　　　　　　　　　10 000

　　贷：应付账款　　　　　　　　　　10 000

10. 下列错误中，能够通过试算平衡查找的是（　　）。

　　A. 重记经济业务　　　　　B. 漏记经济业务

　　C. 借贷方向相反　　　　　D. 借贷金额不等

11. 某企业"原材料"账户月初余额为 10 000 元，本月借方发生额为 5 000 元，贷方发生额为 8 000 元，则该账户的期末余额为（　　）元。

　　A. 13 000　　　B. 7 000　　　C. 23 000　　　D. 15 000

12. 某企业"应付账款"账户期末贷方余额为 100 000 元，本期借方发生额为 80 000 元，贷方发生额为 60 000 元，则该账户的期初余额为（　　）元。

　　A. 借方 120 000　　　　　B. 贷方 120 000

　　C. 借方 80 000　　　　　D. 贷方 80 000

13. 下列各项中，不属于总分类账户与明细分类账户平行登记要点的是（　　）。

　　A. 方向相同　　　　　B. 期间一致

　　C. 金额相等　　　　　D. 账簿相同

14. 企业以银行存款偿还短期借款，会引起（　　）。

　　A. 资产内部一增一减　　　B. 资产与负债同时增加

　　C. 资产与负债同时减少　　　D. 负债内部一增一减

15. 下列账户中，属于成本类账户的是（　　）。

　　A. 主营业务成本　　　　　B. 生产成本

　　C. 管理费用　　　　　D. 销售费用

16. 某公司"应收账款"总分类账户下设"A 公司"和"B 公司"两个明细账户，"应收账款"总账余额为 100 000 元，"A 公司"明细账户余额为 30 000 元，总账和明细账账户余额方向均为借方，则"B 公司"明细账户的余额为（　　）元。

　　A. 70 000　　　B. 130 000　　　C. 30 000　　　D. 100 000

17. 会计账户按用途和结构分类，"累计折旧"账户属于（　　）。

　　A. 盘存账户　　　　　B. 资本账户

　　C. 调整账户　　　　　D. 集合分配账户

18. 企业接受投资者投入的固定资产，应按（　　）入账。

　　A. 投资合同或协议约定的价值

　　B. 固定资产的账面价值

C. 投资方固定资产的账面原值

D. 固定资产的公允价值

19. 下列关于借贷记账法的说法中，错误的是（　　）。

A. 以"借""贷"作为记账符号

B. 账户的基本结构分为借方和贷方

C. 借方登记增加额，贷方登记减少额

D. 记账规则是"有借必有贷，借贷必相等"

20. 某企业本月主营业务收入为 500 000 元，其他业务收入为 100 000 元，主营业务成本为 300 000 元，其他业务成本为 60 000 元，销售费用为 20 000 元，管理费用为 30 000 元，财务费用为 10 000 元，营业外收入为 50 000 元，营业外支出为 30 000 元。该企业本月的营业利润为（　　）元。

A. 180 000　　B. 200 000　　C. 220 000　　D. 250 000

21. 下列经济业务中，会引起资产和所有者权益同时增加的是（　　）。

A. 从银行提取现金　　　　　B. 接受投资者投入的设备

C. 以银行存款偿还债务　　　D. 将资本公积转增资本

22. 企业计提固定资产折旧时，应借记（　　）账户。

A. 生产成本　　　　　　　　B. 制造费用

C. 管理费用　　　　　　　　D. 以上都有可能

23. 下列各项中，不属于损益类账户的是（　　）。

A. 所得税费用　　　　　　　B. 投资收益

C. 制造费用　　　　　　　　D. 营业外支出

24. 某企业"固定资产"账户的期末借方余额为 1 000 000 元，"累计折旧"账户的期末贷方余额为 200 000 元，则该企业固定资产的净值为（　　）元。

A. 1 000 000　　　　　　　　B. 1 200 000

C. 800 000　　　　　　　　　D. 200 000

25. 企业销售商品一批，售价为 100 000 元，增值税税率为 13%，款项已收到并存入银行。该企业应确认的主营业务收入为（　　）元。

A. 100 000　　　　　　　　　B. 113 000

C. 90 000　　　　　　　　　　D. 87 000

3.1　单选题

二、多选题

1. 下列属于会计科目设置原则的有（　　）。

A. 合法性原则　　　　　　　B. 相关性原则

C. 实用性原则　　　　　　　D. 谨慎性原则

2. 下列会计科目中，属于负债类科目的有（　　）。

A. 短期借款　　　　　　　B. 应付账款

C. 预收账款　　　　　　　D. 应交税费

3. 账户的哪一方登记增加，哪一方登记减少，取决于（　　　）。

  A. 账户的性质　　　　　　B. 所记录经济业务的内容

  B. 所采用的记账方法　　　D. 会计人员的习惯

4. 下列账户中，期末余额一般在借方的有（　　　）。

  A. 资产类账户　　　　　　B. 负债类账户

  C. 所有者权益类账户　　　D. 成本类账户

5. 借贷记账法的记账规则包括（　　　）。

  A. 有借必有贷　　　　　　B. 借贷必相等

  C. 资产 = 负债 + 所有者权益　　D. 收入 - 费用 = 利润

6. 下列经济业务中，会引起会计等式左右两边同时发生增减变动的有（　　　）。

  A. 收到投资者投入的设备

  B. 以银行存款偿还短期借款

  C. 购买原材料，款项尚未支付

  D. 从银行提取现金

7. 下列关于会计分录的说法，正确的有（　　　）。

  A. 会计分录是指对某项经济业务标明其应借应贷账户及其金额的记录

  B. 会计分录必须具备记账符号、账户名称和金额三个要素

  C. 复合会计分录是指涉及两个以上（不含两个）对应账户所组成的会计分录

  D. 会计分录按涉及账户多少，可分为简单会计分录和复合会计分录

8. 试算平衡表无法发现的错误有（　　　）。

  A. 漏记某项经济业务　　　B. 重记某项经济业务

  C. 借贷方向相反　　　　　D. 记错有关账户

9. 总分类账户与明细分类账户平行登记的要点包括（　　　）。

  A. 依据相同　　　　　　　B. 方向相同

  C. 期间一致　　　　　　　D. 金额相等

10. 下列账户中，属于损益类账户的有（　　　）。

  A. 主营业务收入　　　　　B. 其他业务收入

  C. 营业外收入　　　　　　D. 投资收益

11. 下列经济业务中，会影响企业资产负债率的有（　　　）。

  A. 以银行存款偿还短期借款

  B. 接受投资者投入的固定资产

  C. 赊购原材料

D. 计提固定资产折旧

12. 会计账户按经济内容分类，下列账户中属于资产类账户的有（　　）。

A. 应收账款　　　　　　　　B. 预付账款

C. 无形资产　　　　　　　　D. 长期待摊费用

13. 下列关于复式记账法的表述中，正确的有（　　）。

A. 复式记账法能够全面反映经济业务的来龙去脉

B. 复式记账法便于检查账户记录的正确性

C. 增减记账法和收付记账法是复式记账法的具体方法

D. 复式记账法以资产与权益的平衡关系作为记账基础

14. 下列各项中，会导致企业所有者权益增加的有（　　）。

A. 接受投资者投资

B. 用盈余公积转增资本

C. 本年度实现盈利

D. 资本公积转增资本

3.2　多选题

三、判断题

1. 会计科目是账户的名称，账户是会计科目的具体运用。

（　　）

2. 所有的账户都是依据会计科目开设的。 （　　）

3. 账户的余额方向一般与记录增加额的方向一致。 （　　）

4. 资产类账户的借方登记资产的增加额，贷方登记资产的减少额，期末余额一般在贷方。 （　　）

5. 负债类账户和所有者权益类账户的结构相同。 （　　）

6. 收入类账户和费用类账户一般没有期末余额。 （　　）

7. 借贷记账法的记账符号"借"和"贷"与具体的账户性质无关。 （　　）

8. 简单会计分录只涉及一个账户的借方和另一个账户的贷方。

（　　）

9. 复合会计分录可以由几个简单会计分录合并而成。 （　　）

3.3　判断题

10. 试算平衡表平衡，说明记账一定正确。 （　　）

能力提升训练 ➤➤➤➤➤➤➤➤➤➤➤➤➤➤

一、简答题

1. 简述设置会计科目的意义和原则。

2. 说明会计账户的基本结构和记账规则。

3.4 简答题

3. 比较资产类账户、负债类账户和所有者权益类账户的结构特点。

4. 什么是借贷记账法？其记账规则是什么？

5. 简述会计分录的编制步骤。

二、业务计算题

1. 某企业 2024 年 5 月 1 日有关账户的期初余额如下：

账户名称	借方余额（元）	账户名称	贷方余额（元）
库存现金	5 000	短期借款	100 000
银行存款	225 000	应付账款	50 000
应收账款	30 000	实收资本	300 000
原材料	40 000	资本公积	50 000
固定资产	200 000		
合计	500 000		500 000

5 月发生以下经济业务：

（1）从银行提取现金 2 000 元备用。

（2）购入原材料一批，价款 50 000 元，以银行存款支付 30 000 元，其余 20 000 元暂欠。

（3）收到投资者投入的设备一台，价值 100 000 元。

（4）以银行存款偿还短期借款 50 000 元。

要求：第一，根据上述经济业务编制会计分录。

第二，开设"T"型账户，登记期初余额、本期发生额并计算期末余额。

第三，编制试算平衡表。

2. 某企业 2024 年 6 月发生的部分经济业务如下：

（1）向银行借入为期 3 个月的借款 50 000 元，存入银行。

（2）用银行存款购买办公用品 2 000 元。

（3）销售商品一批，售价为 80 000 元，款项尚未收到。

（4）收到客户前欠货款 60 000 元，存入银行。

（5）用银行存款支付企业管理人员上月工资 20 000 元。

（6）经批准，将资本公积转增资本 500 000 元。

3.5 业务计算题

要求：

第一，根据上述经济业务编制会计分录。

第二，说明每笔经济业务对会计等式的影响。

三、案例分析题

乙公司在记账过程中出现了以下错误：

（1）以银行存款购买办公用品 500 元，误记为"借：管理费用 500，贷：库存现金 500"。

（2）销售产品一批，售价 10 000 元，款项已存入银行，误记为"借：银行存款 11 300，贷：库存商品 10 000"。

（3）计提本月固定资产折旧 3 000 元，误记为"借：管理费用 300，贷：累计折旧 300"。

（4）生产领用材料一批，价值 3 000 元，误记为"借：原材料 3 000，贷：生产成本 3 000"

要求：指出上述错误分别属于哪种类型的错误。

3.6　案例分析题

综合拓展　❯❯❯❯❯❯❯❯❯❯❯❯❯❯❯❯❯

1. 某企业在发展过程中，面临着激烈的市场竞争和复杂的经济环境。为了追求利润最大化，企业管理层决定采取一些措施来降低成本，其中包括减少对环保设备的投入。然而，这种做法可能会对周边环境造成污染，影响当地居民的生活质量。请从会计职业道德的角度，分析该企业管理层的决策是否正确，并说明理由。

2. 假设你是一名会计人员，在审核公司的账目时，发现了一笔可疑的支出。经过进一步调查，你发现这笔支出是公司某高管为了个人利益而虚构的业务费用。此时，你面临着两难的选择：如果你揭露这个问题，可能会得罪该高管，甚至影响自己的职业发展；如果你隐瞒这个问题，公司的财务报表将存在虚假信息，可能会误导投资者和其他利益相关者。请结合会计职业道德规范，谈谈你应该如何处理这个问题。

3.7　综合拓展

第四章
借贷记账法的运用

一、制造业主要经济业务概述

1. 资金筹集

资金筹集是企业资金运动的起点，来源包括接受投资者投入资金（形成资本金，属于所有者权益）和向债权人借入资金（形成负债）。

2. 供应过程

用货币资金购买劳动资料（形成固定资金）和劳动对象（形成储备资金），主要经济业务有款项结算、成本确定和材料验收入库等。

3. 生产过程

劳动者利用劳动资料对劳动对象进行加工，发生原材料耗用、工资支付、固定资产损耗、水电动力费等生产费用，生产费用归集分配及产品成本计算是主要业务，储备资金转化为生产资金，产品完工入库后生产资金转化为成品资金。

4. 销售过程

将完工产品销售实现收入，计算结转成本，支付销售费用，最终取得利润，主要业务包括收入确认、货款结算、成本结转和费用支付，成品资金转化为货币资金。

5. 资金退出

经营资金完成循环后因其他原因退出企业经营，主要核算内容包括分派投资者利润、归还银行贷款、上缴国家税款等。

二、资金筹集业务的核算

（一）权益筹资业务

1. 实收资本核算

含义：企业所有者按约定实际投入企业的资本金，在股份有限公司表现为股本。

分类：按投资者分为国家资本、法人资本、个人资本和外商资本等；按投入形式分为货币投资、实物投资和无形资产投资等。

入账价值：货币资金投资按实际收到金额入账，实物和无形资产投资按投资各方确认价值入账，超过注册资本份额部分计入资本公积。

账户结构：贷方登记接受投资或转增资本数额，借方登记减少注册资本数额，期末贷方余额反映实际投资数额。

2. 资本公积核算

含义：投资者缴付出资额超出注册资本份额的差额及直接计入所有者权益的利得和损失。

用途：主要用于转增资本。

账户结构：贷方登记增加数，借方登记减少数（如转增资本），期末贷方余额表示结余数。

（二）债务筹资业务

1. 短期借款核算

（1）概述：为满足临时性资金需求借入，期限在1年以内（含1年），核算包括本金和利息计算，利息计算公式为借款本金×利率×借款期（利率为年利率时需转化为月利率或日利率）。

（2）账户结构：

"短期借款"账户：贷方登记本金增加，借方登记本金减少，期末贷方余额反映未归还借款。

"财务费用"账户：借方登记利息费用、手续费等增加，贷方登记利息收入、期末转入"本年利润"的财务费用净额，期末无余额。

"应付利息"账户：贷方登记应付未付利息，借方登记已支付利息，期末贷方余额反映应付未付利息。

2. 长期借款核算

（1）概述：借入期限在1年以上（不含1年），用于长期工程等项目，利息在符合资本化条件时可资本化，计入相关资产成本，否则费用化计入当期损益。

（2）账户结构：贷方登记借入本金和利息，借方登记归还本金或利息，期末贷方余额反映未偿还本息结余。

三、供应过程业务的核算

（一）固定资产购置业务

1. 概念与特征

为生产商品等持有，使用寿命超一个会计年度的有形资产，具有实物形态、持有目的为使用、使用寿命长等特征。

2. 取得成本计算

外购成本包括购买价款、相关税费、运输费等使固定资产达到预定可使用状态前的必要支出，小规模纳税人购入固定资产增值税计入成本。

3. 账户设置

"固定资产"账户：核算固定资产原价，借方登记增加，贷方登记减少，期末借方余额反映原价结余。

"在建工程"账户：核算固定资产建造等工程成本，借方登记支出，贷方登记转出成本，期末借方余额反映未完工工程成本。

4. 业务处理

购入不需要安装的固定资产：按成本记入"固定资产"借方，支付的增值税记入"应交税费——应交增值税（进项税额）"借方，银行存款减少记入贷方。购入需要安装的固定资产：先通过"在建工程"归集成本，包括设备价款、安装费等，安装完成后转入"固定资产"。

（二）材料采购业务

（1）采购成本构成：包括购买价格、运杂费、运输途中合理损耗、入库前挑选整理费、规定计入成本的税金等，采购人员差旅费等不计入采购成本。

（2）货款支付方式：有交货时支付、交货前提前支付、交货后完成支付三种。

（3）账户设置。

"在途物资"账户：核算材料实际采购成本，借方登记买价和采购费用，贷方登记验收入库材料转出成本，期末借方余额反映在途材料成本。

"原材料"账户：核算库存材料实际成本增减变动，借方登记入库成本增加，贷方登记发出成本减少，期末借方余额反映库存成本余额。

"预付账款"账户：核算购货预先支付款项，借方登记支付增加，贷方登记冲减款项，期末借方余额反映应支付未支付账款，贷方余额反映尚未补付款项。

"应付账款"账户：核算因购买等应支付款项，贷方登记增加，借方登记减少，期末贷方余额反映未偿还应付款。

"应付票据"账户：核算商业汇票结算方式下应付票据增减变动，贷方登记增加，借方登记减少，期末贷方余额反映未到期票据余额。

（4）业务处理：包括提取现金备用、购入材料支付货款（涉及在途物资、应交税费、银行存款等账户）、支付运输费（分配计入在途物资成本）、开出商业汇票购买材料（涉及在途物资、应交税费、应付票据等账户）、预付账款购买材料（涉及预付账款、银行存款等账户）、材料入库结转成本（从在途物资转入原材料）等。

四、生产过程业务的核算

（一）生产过程业务概论

生产过程是制造业重心环节，既是产品制造过程，也是资源耗费过程，生产费用按计入产品成本方式分为直接费用（直接材料、直接人工）和间接费用（制造费用），产品成本项目主要包括直接材料、直接人工和制造费用。

（二）生产业务核算设置的账户

"生产成本"账户：核算产品制造成本，借方归集生产费用，贷方结转完工产品成本，借方余额表示在产品成本。

"制造费用"账户：核算车间制造费用，借方记录费用增加，贷方登记转入产品成本的费用，一般无余额（季节性生产企业除外）。

"应付职工薪酬"账户：核算应付未付职工薪酬总额，贷方反映应支付未支付薪酬，借方登记已支付薪酬，贷方余额反映未支付薪酬。

"累计折旧"账户：核算固定资产折旧累计金额，贷方登记计提折旧增加，借方登记固定资产报废或出售时折旧减少，贷方余额反映累计折旧额。

"库存商品"账户：核算库存商品收发结存情况，借方登记入库成本增加，贷方登记销售成本减少，期末借方余额反映库存商品成本。

（三）材料费用核算

根据领料凭证区分用途，将材料成本分别记入"生产成本""制造费用""管理费用"等账户，直接用于产品生产的材料费用记入"生产成本"，车间一般耗用记入"制造费用"。

（四）人工费用核算

包括工资计算、分配和发放核算，生产工人工资记入"生产成本"，车间管理人员工资记入"制造费用"，行政管理人员工资记入"管理费用"，同时确认应付职工薪酬负债，实际发放时冲减负债。

（五）制造费用归集与分配

制造费用包括间接用于产品生产、直接用于但不单独核算、车间组织管理生产的费用，发生时先归集在"制造费用"账户，期末按一定标准（如生产工人工资比例）分配计入产品成本，分配后转入"生产成本"账户。

（六）完工产品生产成本计算与结转

完工产品成本计算公式为期初在产品成本＋本期发生生产费用－期末在产品成本，产品完工入库时，将生产成本从"生产成本"账户贷方转入"库存商品"账户借方。

五、销售过程业务的核算

（一）销售业务概述

1. 收入确认

履行合同履约义务且客户取得商品控制权时确认收入。

2. 货款结算

现销通过"库存现金"或"银行存款"核算，赊销涉及"应收账款"或"应收票据"，预收货款销售通过"预收账款"核算。

结转已售产品成本：将已售产品成本计入"主营业务成本"或"其他业务成本"，与收入配比计算利润。

3. 相关税费计算

按规定计算缴纳增值税、消费税、城市维护建设税、教育费附加等税费。

4. 销售费用处理

推广产品支出作为销售费用按实际发生额处理。

（二）销售业务核算设置的账户

"主营业务收入"账户：核算主营业务收入，贷方登记增加，借方登记期末结转及销售退回等冲减收入，结转后无余额。

"主营业务成本"账户：核算主营业务成本，借方登记发生成本，贷方登记期末结转，结转后无余额。

"其他业务收入"账户：核算其他业务收入，贷方登记增加，借方登记期末结转，结转后无余额。

"其他业务成本"账户：核算其他业务支出，借方登记支出额，贷方登记期末结转，结转后无余额。

"应收账款"账户：核算赊销应收取款项，借方登记增加，贷方登记收回或注销，期末借方余额反映未收回账款。

"应收票据"账户：核算因赊销收到的商业汇票，借方登记收到增加，贷方登记收回或转让，期末借方余额反映未到期票据金额。

"预收账款"账户：核算预先收取但未交付商品或劳务款项，贷方登记预收增加，借方登记转为收入，期末贷方余额反映预收款项。

"销售费用"账户：核算销售费用，借方登记发生费用，贷方登记期末结转，结转后无余额。

"税金及附加"账户：核算经营活动相关税费，借方登记增加，贷方登记期末结转，结转后无余额。

（三）销售业务的账务处理

1. 主营业务收入与主营业务成本核算

销售产品实现收入时，根据销售方式和结算情况，分别记入"银行存款""应收账款""应收票据""预收账款"等账户借方，同时贷记"主营业务收入"和"应交税费——应交增值税（销项税额）"；结转已售产品成本时，借记"主营业务成本"，贷记"库存商品"。

2. 其他业务收入与其他业务成本核算

其他业务收入取得时记入"其他业务收入"贷方，销售成本结转时记入"其他业务成本"借方，同时贷记相关资产账户（如原材料）。

3. 销售费用核算

支付销售费用时，借记"销售费用"，贷记"银行存款"等账户。

4. 税金及附加核算

计算出应缴纳的税金及附加时，借记"税金及附加"，贷记"应交税费"相关明细账户。

六、财务成果形成与分配业务的核算

（一）利润形成与分配概述

1. 利润计算

营业毛利 = 营业收入 – 营业成本；

营业利润 = 营业毛利 – 税金及附加 – 销售费用 – 管理费用 – 财务费用；

利润总额（税前利润）= 营业利润 + 营业外收入 – 营业外支出；

净利润（税后利润）= 利润总额 – 所得税费用（所得税费用 = 利润总额 × 所得税税率）。

2. 利润分配

一部分以利润形式分配给投资者，一部分以盈余公积形式留企，还有一部分以未分配利润形式保留，分配顺序为计算可供分配利润、提取法定盈余公积、提取任意盈余公积、向投资者分配利润（或股利）。

（二）利润形成和分配业务核算设置的账户

"本年利润"账户：核算一定时期净利润形成或亏损发生，期末将收入类账户贷方发生额转入借方，费用类账户借方发生额转入贷方，比较余额确定利润或亏损，年度终了将余额转入"利润分配——未分配利润"，结转后无余额。

"所得税费用"账户：核算所得税费用，借方登记计算的所得税费用，贷方登记期末结转，结转后无余额。

"利润分配"账户：核算利润分配或亏损弥补，贷方登记从"本年利润"转入的净利润或盈余公积补亏等，借方登记提取盈余公积、

分配利润等，期末贷方余额表示未分配利润，借方余额表示未弥补亏损，下设"盈余公积补亏""提取法定盈余公积""提取任意盈余公积""应付现金股利或利润""转作资本（或股本）的股利""未分配利润"等明细账户。

"盈余公积"账户：核算从税后利润提取的盈余公积，贷方登记提取增加，借方登记使用减少，期末贷方余额表示结余。

"应付股利"账户（或"应付利润"账户）：核算分配给投资者股利或利润，贷方登记应付增加，借方登记支付减少，期末贷方余额表示未支付。

（三）利润形成和分配的业务处理

1. 期间费用核算

包括财务费用、销售费用和管理费用核算，管理费用核算企业为组织管理生产经营活动发生的各种费用，如办公费、差旅费、无形资产摊销等，通过"管理费用"账户借方登记增加，期末结转至"本年利润"。

2. 营业外收入与营业外支出核算

"营业外收入"账户：核算非日常活动利得，如变卖固定资产利得、罚款收入等，贷方登记增加，借方登记期末结转，结转后无余额。

"营业外支出"账户：核算非日常活动损失，如报废固定资产亏损、捐赠支出等，借方登记增加，贷方登记期末结转，结转后无余额。

3. 利润总额计算和结转

期末将损益类账户发生额结转至"本年利润"账户，收入类从借方转出，费用类从贷方转出，结平损益类账户。

4. 所得税费用核算

计算所得税费用（应纳税所得额×所得税税率），借记"所得税费用"，贷记"应交税费——应交所得税"，实际缴纳时借记"应交税费——应交所得税"，贷记"银行存款"，期末将所得税费用结转至"本年利润"。

5. 净利润计算和结转

结转所得税费用后，"本年利润"贷方余额为净利润，借记"本年利润"，贷记"利润分配——未分配利润"，将净利润结转至利润分配账户。

6. 利润分配核算

（1）提取盈余公积：按规定比例提取法定盈余和任意盈余公积，借记"利润分配——提取法定盈余公积""利润分配——提取任意盈余公积"，贷记"盈余公积——法定盈余公积""盈余公积——任意盈余公积"。

（2）向投资者分配利润：根据股东会决议分配利润，借记"利润分配——应付股东利润"，贷记"应付利润"（或"应付股利"），支付时借记"应付利润"（或"应付股利"），贷记"银行存款"，最后将利润分配明细账结平，转入"未分配利润"明细账户。

基础知识巩固 ▶▶▶▶▶▶▶▶▶▶▶▶▶▶▶

一、单选题

1. 制造业企业资金运动的起点是（　　）。
   A. 资金筹集　　　　　　　　B. 资金周转
   C. 资金退出　　　　　　　　D. 利润分配

2. 企业接受投资者投入的设备，价值50万元，应贷记（　　）科目。
   A. 固定资产　　　　　　　　B. 实收资本
   C. 资本公积　　　　　　　　D. 盈余公积

3. 甲公司注册资本为1 000万元，现有新投资者投入400万元，占注册资本的20%，则计入实收资本的金额为（　　）万元。
   A. 400　　　　B. 200　　　　C. 320　　　　D. 280

4. 企业发行股票筹集资金，每股面值1元，发行价5元，共发行100万股，应贷记"资本公积"科目的金额为（　　）万元。
   A. 100　　　　B. 400　　　　C. 500　　　　D. 300

5. 短期借款利息费用较大时，应采用（　　）方法核算。
   A. 直接计入当期损益　　　　B. 预提
   C. 分期摊销　　　　　　　　D. 无须处理

6. 某企业向银行借入期限为6个月的借款100万元，年利率6%，按月计提利息，到期还本付息。则每月计提利息的金额为（　　）万元。
   A. 0.5　　　　B. 6　　　　C. 1　　　　D. 3

7. 长期借款用于建造固定资产，在固定资产达到预定可使用状态前，其利息应计入（　　）。
   A. 财务费用　　　　　　　　B. 在建工程
   C. 固定资产　　　　　　　　D. 管理费用

8. 企业购入不需要安装的固定资产，价款50万元，增值税6.5万元，款项已支付，应借记（　　）科目。
   A. 固定资产50万元，应交税费——应交增值税（进项税额）
      6.5万元
   B. 在建工程50万元，应交税费——应交增值税（进项税额）
      6.5万元

    C. 固定资产 56.5 万元

    D. 在建工程 56.5 万元

9. 企业购入需要安装的设备，价款 30 万元，增值税 3.9 万元，支付安装费 2 万元，款项均以银行存款支付。安装完毕交付使用时，应借记（　　）。

    A. 固定资产 32 万元　　　　　B. 固定资产 33.9 万元

    C. 在建工程 32 万元　　　　　D. 在建工程 35.9 万元

10. 下列不属于材料采购成本的是（　　）。

    A. 购买价格　　　　　　　　　B. 采购人员差旅费

    C. 运输费　　　　　　　　　　D. 入库前挑选整理费

11. 企业购入材料一批，价款 10 万元，增值税 1.3 万元，材料已验收入库，款项尚未支付。应贷记（　　）。

    A. 应付账款 10 万元　　　　　B. 应付账款 11.3 万元

    C. 应收账款 10 万元　　　　　D. 应收账款 11.3 万元

12. 企业预付材料款 5 万元，应借记（　　）科目。

    A. 应收账款　　　　　　　　　B. 应付账款

    C. 预付账款　　　　　　　　　D. 预收账款

13. 生产过程中领用原材料，应借记（　　）科目。

    A. 生产成本　　　　　　　　　B. 制造费用

    C. 管理费用　　　　　　　　　D. 销售费用

14. 生产车间管理人员工资应计入（　　）科目。

    A. 生产成本　　　　　　　　　B. 制造费用

    C. 管理费用　　　　　　　　　D. 销售费用

15. 企业计提生产车间固定资产折旧，应借记（　　）科目。

    A. 生产成本　　　　　　　　　B. 制造费用

    C. 管理费用　　　　　　　　　D. 销售费用

16. 期末将制造费用分配计入产品成本，应贷记（　　）科目。

    A. 生产成本　　　　　　　　　B. 制造费用

    C. 管理费用　　　　　　　　　D. 销售费用

17. 完工产品验收入库，应借记（　　）科目。

    A. 生产成本　　　　　　　　　B. 制造费用

    C. 库存商品　　　　　　　　　D. 主营业务成本

18. 企业销售产品一批，价款 20 万元，增值税 2.6 万元，款项已存入银行，应贷记（　　）。

    A. 主营业务收入 20 万元，应交税费——应交增值税（销项税额）2.6 万元

    B. 主营业务收入 22.6 万元

    C. 应收账款 20 万元，应交税费——应交增值税（销项税

额）2.6 万元

  D. 应收账款 22.6 万元

19. 企业销售产品，收到商业汇票一张，应借记（ ）科目。

  A. 银行存款   B. 应收账款

  C. 应收票据   D. 预收账款

20. 企业结转已售产品成本，应借记（ ）科目。

  A. 主营业务成本   B. 库存商品

  C. 生产成本   D. 制造费用

21. 企业出租固定资产取得的收入应计入（ ）科目。

  A. 主营业务收入   B. 其他业务收入

  C. 营业外收入   D. 投资收益

22. 企业支付销售产品的运输费，应借记（ ）科目。

  A. 销售费用   B. 管理费用

  C. 财务费用   D. 制造费用

23. 企业期末结转损益类科目时，应将收入类科目贷方余额从（ ）转出。

  A. 借方   B. 贷方

  C. 借方或贷方均可   D. 无须转出

24. 企业向投资者分配利润，应借记（ ）科目。

  A. 利润分配——应付股利   B. 应付股利

  C. 盈余公积   D. 本年利润

25. 企业将盈余公积转增资本，应借记（ ）科目。

  A. 盈余公积   B. 资本公积

  C. 实收资本   D. 本年利润

26. 下列项目中，不属于营业外收入的是（ ）。

  A. 固定资产盘亏   B. 捐赠利得

  C. 罚款收入   D. 销售原材料收入

27. 下列项目中，不属于营业外支出的是（ ）。

  A. 固定资产盘亏   B. 捐赠支出

  C. 罚款支出   D. 业务招待费

28. 某企业年初未分配利润为 -10 万元，本年净利润为 20 万元，按 10% 提取法定盈余公积，则可供投资者分配的利润为（ ）万元。

  A. 8   B. 10   C. 18   D. 20

29. 企业收到投资者投入的货币资金 100 万元，存入银行，应贷记（ ）科目。

  A. 银行存款   B. 实收资本

  C. 资本公积   D. 短期借款

30. 企业借入短期借款 10 万元，直接用于偿还前欠货款，应借记（　　）科目。

    A. 短期借款　　　　　　　　B. 应付账款

    C. 银行存款　　　　　　　　D. 应收账款

31. 企业于 2024 年 4 月 1 日从银行借入短期借款 100 万元，年利率 6%，借款期限为 6 个月，利息按季支付。则 4 月末计提利息时应贷记（　　）科目。

    A. 短期借款　　　　　　　　B. 应付利息

    C. 财务费用　　　　　　　　D. 银行存款

32. 某企业于 2024 年 7 月 1 日向银行借入短期借款 50 万元，期限 3 个月，年利率 8%，到期一次还本付息。该企业 8 月末计提利息时，应借记（　　）科目。

    A. 财务费用　　　　　　　　B. 应付利息

    C. 短期借款　　　　　　　　D. 银行存款

33. 企业借入短期借款，在支付利息时，如果利息金额较小且在借款到期时与本金一并支付，可在实际支付时直接借记（　　）科目。

    A. 短期借款　　　　　　　　B. 应付利息

    C. 财务费用　　　　　　　　D. 管理费用

34. 短期借款利息采用预提方式核算时，预提的利息应计入（　　）账户。

    A. 财务费用　　　　　　　　B. 管理费用

    C. 在建工程　　　　　　　　D. 预付账款

35. 企业在 2024 年 9 月 1 日借入短期借款 200 万元，年利率 5%，借款期限为 4 个月，按季度支付利息。10 月 31 日计提利息时，应计提的利息金额为（　　）万元。

    A. 10　　　　B. 8.33　　　　C. 0.83　　　　D. 5

36. 企业购买原材料，取得增值税专用发票，注明价款 50 万元，增值税 6.5 万元，材料已入库，款项未付。该批材料的入账价值为（　　）万元。

    A. 50　　　　B. 56.5　　　　C. 43.5　　　　D. 53.5

37. 企业生产车间领用低值易耗品一批，实际成本 5 万元，采用一次摊销法，应借记（　　）科目。

    A. 生产成本　　　　　　　　B. 制造费用

    C. 管理费用　　　　　　　　D. 销售费用

38. 企业销售产品一批，售价 100 万元，给予客户 10% 的商业折扣，增值税税率为 13%，则应确认的主营业务收入为（　　）万元。

    A. 100　　　　B. 90　　　　C. 113　　　　D. 101.7

39. 企业计算本月应缴纳的城市维护建设税，应根据（　　）

计算。

  A. 增值税   B. 消费税

  C. 增值税和消费税   D. 所得税

  40. 企业年末将"利润分配"除"未分配利润"以外的明细账结平，应贷记（   ）科目。

  A. 利润分配——未分配利润

  B. 利润分配——提取法定盈余公积等

  C. 盈余公积

  D. 本年利润

4.1 单选题

二、多选题

1. 企业资金筹集的渠道主要有（   ）。

  A. 接受投资者投入   B. 向银行借款

  C. 发行债券   D. 留存收益转增资本

2. 下列各项中，属于所有者权益的有（   ）。

  A. 实收资本   B. 资本公积

  C. 盈余公积   D. 未分配利润

3. 企业增加实收资本的途径有（   ）。

  A. 接受投资者追加投资   B. 资本公积转增资本

  C. 盈余公积转增资本   D. 未分配利润转增资本

4. 下列关于短期借款利息核算的说法，正确的有（   ）。

  A. 短期借款利息如果金额不大，可以在实际支付时直接计入当期损益

  B. 短期借款利息如果金额较大，且按季支付，应采用预提方式核算

  C. 预提短期借款利息时，借记"财务费用"科目，贷记"应付利息"科目

  D. 实际支付短期借款利息时，借记"应付利息"科目，贷记"银行存款"科目

5. 长期借款利息费用的核算可能涉及的科目有（   ）。

  A. 在建工程   B. 财务费用

  C. 制造费用   D. 研发支出

6. 企业在季度末支付短期借款利息时，可能编制的会计分录有（   ）。

  A. 借记"财务费用"科目，贷记"银行存款"科目（支付本季度最后一个月的利息）

  B. 借记"应付利息"科目，贷记"银行存款"科目（支付前两个月已预提的利息）

C. 借记"短期借款"科目，贷记"银行存款"科目（偿还本金）

D. 借记"财务费用"科目，贷记"应付利息"科目（预提本季度最后一个月的利息）

7. 固定资产的取得成本包括（　　　）。

　　A. 购买价款

　　B. 运输费

　　C. 安装费

　　D. 增值税（一般纳税人购入固定资产支付的增值税进项税额不计入成本，小规模纳税人计入成本）

8. 企业购入材料的采购成本包括（　　　）。

　　A. 买价　　　　　　　　　　B. 运杂费

　　C. 运输途中的合理损耗　　　D. 入库前的挑选整理费

9. 下列账户中，属于资产类账户的有（　　　）。

　　A. 在途物资　　　　　　　　B. 原材料

　　C. 预付账款　　　　　　　　D. 固定资产

10. 下列账户中，属于负债类账户的有（　　　）。

　　A. 短期借款　　　　　　　　B. 应付账款

　　C. 应付票据　　　　　　　　D. 预收账款

11. 生产过程中发生的费用包括（　　　）。

　　A. 直接材料　　　　　　　　B. 直接人工

　　C. 制造费用　　　　　　　　D. 管理费用

12. 下列各项中，应计入生产成本的有（　　　）。

　　A. 生产产品领用的原材料　　B. 生产工人的工资

　　C. 车间管理人员的工资　　　D. 企业管理人员的工资

13. 下列各项中，应计入制造费用的有（　　　）。

　　A. 车间设备折旧费　　　　　B. 车间水电费

　　C. 车间办公费　　　　　　　D. 车间管理人员薪酬

14. 企业销售商品时，可能涉及的账户有（　　　）。

　　A. 主营业务收入　　　　　　B. 主营业务成本

　　C. 应收账款　　　　　　　　D. 应收票据

15. 下列各项中，属于其他业务收入的有（　　　）。

　　A. 销售材料收入　　　　　　B. 出租固定资产收入

　　C. 出租无形资产收入　　　　D. 出售固定资产收入

16. 下列各项中，属于销售费用的有（　　　）。

　　A. 广告费　　　　　　　　　B. 展览费

　　C. 运输费　　　　　　　　　D. 业务招待费

17. 下列各项中，属于税金及附加的有（　　　）。

A. 消费税   B. 城市维护建设税

C. 教育费附加   D. 增值税

18. 企业计算利润总额时，应考虑的因素有（   ）。

A. 营业利润   B. 营业外收入

C. 营业外支出   D. 所得税费用

19. 下列各项中，影响净利润的有（   ）。

A. 主营业务收入   B. 主营业务成本

C. 所得税费用   D. 营业外收入

20. 企业利润分配的顺序包括（   ）。

A. 提取法定盈余公积   B. 提取任意盈余公积

C. 向投资者分配利润   D. 弥补以前年度的亏损

21. 下列各项中，属于营业外收入的有（   ）。

A. 固定资产盘盈   B. 报废固定资产的净收益

C. 罚款收入   D. 捐赠利得

22. 下列各项中，属于营业外支出的有（   ）。

A. 固定资产盘亏   B. 报废固定资产的净损失

C. 罚款支出   D. 捐赠支出

23. 下列账户中，期末无余额的有（   ）。

A. 主营业务收入   B. 主营业务成本

C. 管理费用   D. 本年利润

24. 企业进行会计核算时，应遵循的基本会计原则有（   ）。

A. 权责发生制原则   B. 谨慎性原则

C. 可比性原则   D. 实质重于形式的原则

4.2 多选题

三、判断题

1. 企业资金运动的过程包括资金筹集、资金周转和资金退出。
（   ）

2. 实收资本是企业按照章程规定或合同、协议约定，接受投资者投入企业的资本。（   ）

3. 资本公积只能用于转增资本，不能用于弥补亏损。（   ）

4. 短期借款利息一律在实际支付时计入当期损益。（   ）

5. 长期借款利息费用在资产达到预定可使用状态后，应计入财务费用。（   ）

6. 企业购入材料的采购成本包括材料的买价、运杂费、运输途中的合理损耗、入库前的挑选整理费以及采购人员的差旅费。
（   ）

7. 在途物资账户期末余额在借方，表示企业期末在途材料的实际成本。（   ）

8. 生产成本账户借方登记企业为生产产品发生的各项生产费用，包括直接材料、直接人工和制造费用。 （　　）

9. 制造费用属于期间费用，期末应将其余额转入本年利润账户。 （　　）

10. 企业生产车间管理人员的工资应计入管理费用。 （　　）

11. 企业销售商品，只要收到货款就可以确认收入。 （　　）

12. 企业销售商品涉及商业折扣的，应当按照扣除商业折扣后的金额确定销售商品收入金额。 （　　）

13. 其他业务收入和其他业务成本的核算内容与主营业务收入和主营业务成本的核算内容完全不同。 （　　）

14. 销售费用是企业为销售商品、提供劳务等日常活动所发生的经济利益的流出，属于期间费用。 （　　）

15. 税金及附加是企业经营活动应负担的相关税费，包括消费税、城市维护建设税、教育费附加、增值税等。 （　　）

16. 企业实现的利润总额扣除所得税费用后即为净利润。（　　）

17. 企业提取法定盈余公积的基数是净利润。 （　　）

18. 营业外收入和营业外支出与企业的日常经营活动无关，不影响企业的营业利润。 （　　）

4.3　判断题

19. 企业年末应将"利润分配"账户下的其他明细账户余额转入"未分配利润"明细账户，结转后除"未分配利润"明细账户外，其他明细账户无余额。 （　　）

能力提升训练 ▶▶▶▶▶▶▶▶▶▶▶▶▶

一、计算题

1. 某企业 2024 年 1 月 1 日向银行借入短期借款 100 万元，年利率 6%，借款期限为 6 个月，利息按月预提，到期还本付息。要求计算每月预提的利息金额以及到期时的本息和。

2. 某企业生产甲、乙两种产品，共同耗用 A 材料 500 千克，单价 20 元，共计 10 000 元。甲产品产量 100 件，单位消耗定额 2 千克；乙产品产量 150 件，单位消耗定额 1 千克。按定额消耗量比例分配法计算甲、乙产品应分配的材料费用。

4.4　计算题

3. 某企业 2024 年实现营业收入 500 万元，营业成本 300 万元，税金及附加 10 万元，销售费用 20 万元，管理费用 30 万元，财务费用 10 万元，营业外收入 20 万元，营业外支出 10 万元，所得税税率 25%。计算该企业的营业利润、利润总额、净利润。

二、业务分录题

（一）权益资金筹集业务

（1）甲公司由 A、B、C 三位股东共同出资设立，注册资本为 500 万元，A、B、C 三位股东持股比例分别为 40%、30%、30%。A 股东以货币资金 400 万元出资，B 股东以设备出资，设备原价 150 万元，已提折旧 30 万元，投资协议约定价值 120 万元，C 股东以一项专利技术出资，协议约定价值 80 万元，相关手续已办妥。编制甲公司接受投资的会计分录。

（2）乙公司经股东大会批准，将资本公积 100 万元转增资本，原股东持股比例不变。编制乙公司资本公积转增资本的会计分录。

（二）负债资金中短期借款筹资业务

（1）丙公司因生产经营需要，于 2024 年 4 月 1 日向银行借入短期借款 200 万元，年利率 8%，借款期限为 6 个月，利息按月预提，按季支付，到期还本。编制丙公司取得借款、3 月末计提利息、6 月末支付第 2 季度利息以及 9 月 30 日到期还本付息的会计分录。

（2）丁公司 2024 年 4 月 1 日向银行借入短期借款 150 万元，期限 3 个月，年利率 6%，到期一次还本付息。该企业按月计提利息费用。编制丁公司借入借款、4 月和 5 月计提利息以及 6 月 30 日到期偿还本息的会计分录。

（三）长期借款筹资业务

（1）戊公司于 2023 年 1 月 1 日从银行借入长期借款 500 万元，用于建造办公楼，借款期限 3 年，年利率 10%，每年年末支付利息，到期还本。该办公楼于 2024 年 12 月 31 日完工交付使用（假设工程建设期间符合资本化条件的利息全部资本化计入工程成本）。编制戊公司取得借款、2023 年末计提利息、支付利息、2024 年末计提利息、支付利息以及 2025 年末偿还本金和支付利息的会计分录。

（2）已公司 2022 年 10 月 1 日借入一笔长期借款 200 万元，用于购置生产设备，借款期限 2 年，年利率 9%，利息按年支付，到期还本。设备于 2023 年 9 月 30 日安装调试完毕投入使用（2022 年 10 月 1 日至 2023 年 9 月 30 日期间利息资本化）。编制已公司借入借款、2022 年末计提利息、2023 年计提利息及支付利息、2024 年末计提利息、支付利息以及到期偿还本金的会计分录。

（四）固定资产采购业务

（1）庚公司为增值税一般纳税人，2024 年 5 月购入一台不需要安装的生产设备，价款 80 万元，增值税 10.4 万元，支付运输费 2 万元（不考虑增值税），款项均以银行存款支付，设备已交付使用。编制庚公司购入设备的会计分录。

（2）辛公司 2024 年 6 月购入一套需要安装的生产线，价款 120 万元，增值税 15.6 万元，支付安装费 5 万元（不考虑增值税），款项通过银行存款支付。安装过程中领用原材料一批，成本 3 万元。生产线安装完毕达到预定可使用状态。编制辛公司购入生产线、安装过程及安装完毕的会计分录。

（五）材料采购业务综合题

某企业为增值税一般纳税人，2024 年 11 月发生以下材料采购业务：

（1）11 月 5 日，从 A 公司购入甲材料 1 000 千克，单价 20 元，增值税税率 13%，材料已验收入库，款项尚未支付。另外，以银行存款支付运输费 500 元（不考虑增值税）。

（2）11 月 10 日，预付给 B 公司货款 10 000 元，用于购买乙材料。

（3）11 月 15 日，从 C 公司购入丙材料 500 千克，单价 30 元，增值税税率 13%，企业签发并承兑一张商业汇票支付货款，材料尚未到达。

（4）11 月 20 日，收到 B 公司发来的乙材料，价款 9 000 元，增值税 1 170 元，材料已验收入库，不足款项以银行存款支付。

（5）11 月 25 日，从 D 公司购入丁材料 800 千克，单价 15 元，增值税税率 13%，款项以银行存款支付，材料在运输途中发生合理损耗 10 千克，其余材料已验收入库。

（6）11 月 30 日，丙材料到达企业，验收入库时发现短缺 10 千克，经查明属于运输途中的合理损耗，按实际数量入库。

（六）生产环节业务综合题

某企业主要生产 A、B 两种产品，2024 年 12 月发生以下生产环节业务：

（1）12 月 1 日，仓库发出材料，用于生产 A 产品领用原材料 50 000 元，生产 B 产品领用原材料 30 000 元，车间一般性耗用原材料 8 000 元，行政管理部门领用原材料 2 000 元。

（2）12 月 5 日，计算本月应付职工工资，其中生产 A 产品工人工资 40 000 元，生产 B 产品工人工资 30 000 元，车间管理人员工资 12 000 元，企业行政管理人员工资 8 000 元。

（3）12 月 10 日，从银行提取现金 90 000 元，准备发放工资。

（4）12 月 10 日，以现金方式发放本月职工工资 90 000 元。

（5）12 月 15 日，计提本月固定资产折旧，其中生产车间固定资产折旧 6 000 元，行政管理部门固定资产折旧 2 000 元。

（6）12 月 20 日，以银行存款支付本月水电费，其中生产车间水电费 4 000 元，行政管理部门水电费 1 000 元。

（7）12月31日，将本月发生的制造费用按生产工人工资比例分配计入A、B产品生产成本（A产品生产工人工资40 000元，B产品生产工人工资30 000元），分配率保留1位小数。

（8）12月31日，本月生产的A产品全部完工入库，完工数量1 000件，计算并结转A产品的生产成本；B产品尚未完工。

（七）销售业务综合题

某企业为增值税一般纳税人，适用增值税税率为13%，主要从事产品销售业务。以下是该企业2024年12月发生的部分销售业务相关事项：

（1）12月5日，向甲公司销售A产品100件，每件售价500元，开具增值税专用发票，注明价款50 000元，增值税额6 500元，款项已收到并存入银行。

（2）12月10日，收到乙公司预付的货款30 000元，存入银行，双方约定下月发货。

（3）12月15日，向丙公司销售B产品200件，每件售价800元，开具增值税专用发票，注明价款160 000元，增值税额20 800元，丙公司以一张面值180 800元的银行承兑汇票支付货款。

（4）12月20日，按合同约定向乙公司发出上月已预收货款的C产品150件，每件售价600元，开具增值税专用发票，注明价款90 000元，增值税额11 700元。同时，以银行存款代垫运费2 000元（不考虑增值税）。

（5）12月25日，销售一批原材料，售价30 000元，增值税额3 900元，款项尚未收到。该批原材料成本为25 000元。

（6）12月31日，计算本月销售A产品应结转的成本，A产品单位成本为300元；销售B产品应结转的成本，B产品单位成本为500元；销售C产品应结转的成本，C产品单位成本为400元。

（7）12月31日，计算本月销售原材料应缴纳的城市维护建设税（税率7%）和教育费附加（征收率3%）。

（八）财务成果的形成与分配业务

1. 辰公司2024年实现主营业务收入800万元，其他业务收入100万元，主营业务成本500万元，其他业务成本60万元，税金及附加20万元，销售费用50万元，管理费用80万元，财务费用10万元，营业外收入30万元，营业外支出20万元，所得税税率25%。计算辰公司的营业利润、利润总额、净利润，并编制相关损益结转及所得税费用计提和结转的会计分录。

2. 已公司2024年年初未分配利润为20万元，本年度实现净利润150万元，按10%提取法定盈余公积，按20%提取任意盈余公积，向投资者分配利润50万元。编制已公司利润分配的相关会计分录。

4.5　业务分录题

综合拓展

一、分析题

某企业在生产经营过程中，为降低成本，采购了一批价格较低但质量不符合环保标准的原材料。在生产过程中，这些原材料导致周边环境污染，引起居民投诉，企业被环保部门责令整改并罚款。从会计核算和企业社会责任的角度分析该企业的行为存在哪些问题，并说明应如何改进。

二、论述题

在当前经济形势下，企业面临着成本上升、市场竞争加剧等挑战。结合社会主义核心价值观中的"敬业""诚信""友善"，论述企业应如何通过会计核算和财务管理手段，在实现自身发展的同时，履行社会责任，为社会创造更大的价值。

三、实践操作题（可假设数据）

假设你是某企业的会计主管，企业计划推出一款新产品，需要进行成本预测和利润规划。请根据企业的生产能力、市场调研数据等资料（自行假设相关数据），运用所学的会计知识，编制一份新产品的成本预算和利润预测报告，包括预计的生产成本、销售成本、销售收入、利润等，并说明在核算过程中如何确保数据的准确性和合理性。

四、讨论题

4.6 综合拓展

企业的财务成果分配涉及股东利益、企业发展资金留存、员工福利等多方面的平衡。讨论在社会主义市场经济条件下，企业应如何根据自身的经营状况、发展战略以及社会环境要求，制定合理的利润分配政策，以实现企业可持续发展，并举例说明不同利润分配政策对企业长期发展的影响。同时，从思政角度阐述企业在利润分配过程中如何体现公平、公正和社会责任。

第五章

会 计 凭 证

一、会计凭证概述

1. 会计凭证的概念

会计凭证是记录经济业务事项发生或完成情况的书面证明，是登记会计账簿的依据，也是会计核算工作的起点。

2. 会计凭证的作用

（1）提供原始资料和有用的会计信息，对经济业务进行整理、分类、汇总，为经济管理提供依据。

（2）监督和控制经济活动的合理性和合法性，确保经济业务符合法律法规和企业规定。

（3）作为记账依据，为会计记账提供真实、可靠的依据，记录经济业务。

（4）明确和加强经济责任，通过经办人员签名或盖章，分清经济责任，作为考核依据。

3. 会计凭证的种类

按填制程序和用途分为原始凭证和记账凭证。原始凭证是在经济业务发生或完成时取得或填制的，用以记录或证明经济业务的发生或完成情况的原始凭据；记账凭证是会计人员根据审核无误的原始凭证，按照经济业务的内容加以归类，并据以确定会计分录后所填制的会计凭证，是登记账簿的直接依据。

按使用介质分为纸质会计凭证和电子会计凭证，其功能和作用相同，只是载体不同。

二、原始凭证

1. 原始凭证的基本内容

原始凭证的名称和编号；填制原始凭证的日期；接受原始凭证的

单位名称；经济业务内容（含数量、单价、金额等）；填制单位签章；有关人员签章。

2. 原始凭证的种类

（1）按取得来源分为外来原始凭证（如发票、财政票据、完税凭证等）和自制原始凭证（如费用报销单、领料单、差旅费报销单等）。

（2）按填制手续和内容分为一次凭证（如现金收据、领料单等）、累计凭证（如限额领料单）和汇总凭证（如发出材料汇总表、工资结算汇总表等）。

（3）按格式分为通用凭证（如国家税务总局统一规范的发票、银行转账结算凭证）和专用凭证（如领料单、差旅费报销单等）。

3. 原始凭证的填制要求

（1）总体要求：记录真实、内容完整、手续完备、书写清楚规范、连续编号、不得涂改、刮擦、挖补、填制及时。

（2）自制原始凭证填制要求：一次凭证在经济业务发生或完成时一次填制完成；累计凭证在每次经济业务完成后重复填制；汇总凭证在汇总同类经济业务原始凭证后填制。

（3）外来原始凭证填制要求：由外单位相关人员填制，加盖出具凭证单位公章（电子发票可电子签写或打印机套打）。

4. 原始凭证的审核

（1）总体审核原则：真实性审核（内容、数据、时间、双方单位真实可靠性）、合法性审核（符合政策法规、制度）、合理性审核（符合计划安排和效益要求）、完整性审核（基本内容齐全）、正确性审核（书写、计算、改错正确）、及时性审核（填制、传递及时）。

（2）审核注意事项：注意凭证签章、金额大小写相符、有验收或收款证明、一式几联用途注明、作废处理、特殊业务凭证处理、批准文件处理等。

（3）审核结果处理：审核无误的编制记账凭证入账；不真实、不合法的不予受理，严重违法的扣留并报告。

三、记账凭证

1. 记账凭证的基本内容

记账凭证的名称和编号；记账凭证的填制日期；经济业务的内容摘要；记账符号；会计科目的名称和金额；所附原始凭证的张数；记账（过账）记号；会计主管、记账、审核、出纳、制单等有关人员的签章。

2. 记账凭证的种类

（1）按用途分为专用记账凭证（收款凭证、付款凭证、转账凭证）和通用记账凭证。收款凭证用于记录现金和银行存款收款业务；

付款凭证用于记录现金和银行存款付款业务；转账凭证用于不涉及现金和银行存款的转账业务。通用记账凭证用于反映所有经济业务。

（2）按填制方法分为单式记账凭证（每张只填列一个会计科目及其金额）和复式记账凭证（将一笔经济业务所涉及的全部科目及其发生额在同一张凭证中反映，如收款凭证、付款凭证、转账凭证和通用记账凭证）。

3. 记账凭证的填制要求

（1）总体要求：根据审核无误的原始凭证或原始凭证汇总表填制，记录真实、内容完整、手续齐全、填制及时等。

（2）"收、付、转"记账凭证填制要求：收款凭证左上角填借方科目（库存现金或银行存款），贷方科目填写与收入相对应的科目；付款凭证左上角填贷方科目（库存现金或银行存款），借方科目填写与之对应的科目；转账凭证填写应借、应贷的总账科目和明细科目，借贷金额相等。涉及现金和银行存款划转业务只填制付款凭证，填制完经济业务事项后有空行应划线注销。

（3）填制要求细则：连续编号（可采用分数编号法），根据原始凭证填制（不得汇总不同内容和类别的原始凭证），除结账和更正错误外必须附原始凭证，原始凭证分割单的使用；等等。

4. 记账凭证的审核

（1）真实性审核：审核记账凭证是否附有原始凭证，原始凭证是否齐全，摘要与原始凭证是否相符，发票相关情况等。

（2）技术性审核：审核会计科目名称规范、科目级次完整、借贷方向正确、账户对应关系清晰、金额准确、书写正确等。

（3）完整性审核：审核记账凭证中规定项目是否填列齐全，相关人员是否签名或盖章。

四、会计凭证的传递与保管

1. 会计凭证的传递

（1）概念：从会计凭证的取得或填制时起至归档保管过程中，在单位内部有关部门和人员之间的传送程序。

（2）要求：满足内部控制制度，传递程序合理有效，确保安全完整，责任分明，手续完备严密，节约传递时间，减少工作量，各单位根据具体情况确定传递程序和方法（包括传递程序和传递时间）。

2. 会计凭证的保管

（1）概念：记账后的整理、装订、归档和存查工作。

（2）要求：定期装订成册，防止散失（遗失原始凭证的处理）；封面注明相关事项并签章；加贴封条，防止抽换凭证（原始凭证外借规定）；原始凭证较多时可单独装订并注明相关信息；会计凭证保管期限要求（暂由会计机构保管一年后移交档案机构或专人保管，出纳不得兼管，期满前不得任意销毁）。

基础知识巩固 ➤➤➤➤➤➤➤➤➤➤➤➤➤➤➤➤➤

一、单选题

1. 会计凭证按其（　　）不同，分为原始凭证和记账凭证。
   A. 填制人员　　　　　　　　　B. 填制程序和用途
   C. 格式　　　　　　　　　　　D. 取得来源

2. 下列各项中，属于外来原始凭证的是（　　）。
   A. 领料单　　　　　　　　　　B. 购货发票
   C. 差旅费报销单　　　　　　　D. 限额领料单

3. 自制原始凭证按其填制手续和内容不同，可分为（　　）。
   A. 一次凭证、累计凭证和汇总凭证
   B. 外来凭证和自制凭证
   C. 通用凭证和专用凭证
   D. 收款凭证、付款凭证和转账凭证

4. 限额领料单属于（　　）。
   A. 一次凭证　　　　　　　　　B. 累计凭证
   C. 汇总凭证　　　　　　　　　D. 外来凭证

5. 下列关于原始凭证填制要求的说法，错误的是（　　）。
   A. 记录要真实　　　　　　　　B. 内容要完整
   C. 手续要完备　　　　　　　　D. 可以涂改、刮擦、挖补

6. 原始凭证审核的内容不包括（　　）。
   A. 真实性审核　　　　　　　　B. 合法性审核
   C. 合理性审核　　　　　　　　D. 可比性审核

7. 记账凭证是根据（　　）填制的。
   A. 经济业务
   B. 原始凭证
   C. 账簿记录
   D. 审核无误的原始凭证或原始凭证汇总表

8. 收款凭证左上角的"借方科目"应填写（　　）。
   A. 银行存款或库存现金　　　　B. 主营业务收入
   C. 其他业务收入　　　　　　　D. 应收账款

9. 转账凭证是用于记录（　　）的记账凭证。
   A. 库存现金收付业务
   B. 银行存款收付业务

C. 不涉及库存现金和银行存款收付业务

D. 涉及库存现金和银行存款收付业务

10. 通用记账凭证的格式与（   ）相同。

    A. 收款凭证   B. 付款凭证

    C. 转账凭证   D. 以上都不对

11. 单式记账凭证的优点是（   ）。

    A. 能全面反映账户之间的对应关系

    B. 便于汇总每个科目的发生额

    C. 填制工作量小

    D. 便于检验会计分录的正确性

12. 复式记账凭证的缺点是（   ）。

    A. 不便于汇总每个科目的发生额

    B. 不能全面反映账户之间的对应关系

    C. 填制工作量大

    D. 不利于检查会计分录的正确性

13. 记账凭证填制时，如一笔经济业务需要填制两张以上记账凭证的，可以采用（   ）编号。

    A. 顺序编号法   B. 分数编号法

    C. 任意编号法   D. 以上都不对

14. 除（   ）外，其他记账凭证必须附有原始凭证。

    A. 结账的记账凭证   B. 更正错误的记账凭证

    C. 现金收款凭证   D. A 和 B

15. 原始凭证分割单必须具备原始凭证的基本内容，不包括（   ）。

    A. 凭证名称   B. 填制凭证日期

    C. 经济业务的会计分录   D. 接受凭证单位名称

16. 记账凭证的审核内容不包括（   ）。

    A. 真实性审核   B. 技术性审核

    C. 完整性审核   D. 效益性审核

17. 会计凭证的传递应当满足（   ）的要求。

    A. 内部控制制度   B. 企业管理

    C. 会计核算   D. 以上都是

18. 会计凭证保管期满前（   ）。

    A. 可以任意销毁

    B. 经单位负责人批准后可以销毁

    C. 不得任意销毁

    D. 经会计机构负责人批准后可以销毁

19. 从外单位取得的原始凭证遗失时，若确实无法取得证明的，应由（　　）写明详细情况，经批准后，代作原始凭证。

    A. 经办单位会计机构负责人

    B. 单位负责人

    C. 当事人

    D. 以上都可以

20. 下列属于专用凭证的是（　　）。

    A. 增值税专用发票　　　　　　B. 银行转账结算凭证

    C. 领料单　　　　　　　　　　D. 差旅费报销单

21. 记账凭证的填制日期一般是（　　）。

    A. 经济业务发生日期　　　　　B. 原始凭证日期

    C. 实际填制记账凭证的日期　　D. 月末日期

22. 下列关于原始凭证审核结果处理的说法，正确的是（　　）。

    A. 对于审核无误的原始凭证，应及时据以编制记账凭证入账

    B. 对于不真实、不合法的原始凭证，应予以退回并修改

    C. 对于不完整的原始凭证，应要求经办人员补充完整后再入账

    D. 对于不准确的原始凭证，应要求经办人员更正后再入账

23. 会计凭证的保管期限由（　　）规定。

    A. 企业自行　　　　　　　　　B. 国家统一

    C. 会计机构负责人　　　　　　D. 单位负责人

24. 企业将现金存入银行应编制（　　）。

    A. 银行存款收款凭证　　　　　B. 现金付款凭证

    C. 银行存款付款凭证　　　　　D. 现金收款凭证

5.1　单选题

二、多选题

1. 会计凭证的作用包括（　　）。

    A. 提供原始资料和有用的会计信息

    B. 监督和控制经济活动的合理性和合法性

    C. 提供记账依据

    D. 明确和加强经济责任

2. 原始凭证的基本内容包括（　　）。

    A. 原始凭证的名称和编号

    B. 填制原始凭证的日期

    C. 接受原始凭证的单位名称

    D. 经济业务内容

3. 下列属于外来原始凭证的有（　　）。

    A. 增值税专用发票　　　　　　B. 飞机票

    C. 银行收款通知　　　　　　　D. 领料单

4. 自制原始凭证按填制方法分为（　　　）。

    A. 一次凭证   B. 累计凭证

    C. 汇总凭证   D. 通用凭证

5. 原始凭证的填制要求有（　　　）。

    A. 记录真实   B. 内容完整

    C. 手续完备   D. 书写清楚规范

6. 原始凭证审核的总体原则包括（　　　）。

    A. 真实性审核   B. 合法性审核

    C. 合理性审核   D. 完整性审核

7. 记账凭证的种类有（　　　）。

    A. 专用记账凭证   B. 通用记账凭证

    C. 单式记账凭证   D. 复式记账凭证

8. 专用记账凭证包括（　　　）。

    A. 收款凭证   B. 付款凭证

    C. 转账凭证   D. 通用凭证

9. 记账凭证的填制要求有（　　　）。

    A. 根据审核无误的原始凭证填制

    B. 连续编号

    C. 内容完整

    D. 书写规范

10. 下列关于记账凭证审核内容的说法，正确的有（　　　）。

    A. 审核记账凭证是否附有原始凭证

    B. 审核会计科目名称是否规范

    C. 审核金额计算是否准确

    D. 审核相关人员是否签名或盖章

11. 会计凭证的传递具体包括（　　　）。

    A. 传递程序   B. 传递时间

    C. 传递人员   D. 传递方式

12. 会计凭证保管的要求有（　　　）。

    A. 定期装订成册

    B. 加贴封条

    C. 严格遵守保管期限

    D. 出纳人员不得兼管会计档案

13. 原始凭证较多时，可以（　　　）。

    A. 单独装订

    B. 在所属记账凭证上注明"附件另订"

    C. 不做处理

    D. 随意保管

5.2 多选题

14. 下列关于会计凭证电子化的说法，正确的有（　　　）。

A. 是一种趋势　　　　　　B. 与纸质会计凭证的功能相同

C. 载体不同　　　　　　　D. 无须审核

15. 记账凭证中"摘要"的填写要求有（　　　）。

A. 简明扼要　　　　　　　B. 能准确反映经济业务内容

C. 详细具体　　　　　　　D. 可以不写

三、判断题

1. 会计凭证是登记会计账簿的唯一依据。　　　　　　（　　　）

2. 原始凭证是编制记账凭证的依据，记账凭证是登记账簿的依据。　　　　　　　　　　　　　　　　　　　　　　（　　　）

3. 自制原始凭证都是一次凭证。　　　　　　　　　　（　　　）

4. 累计凭证是指在一定时期内多次记录发生的同类型经济业务且多次有效的原始凭证。　　　　　　　　　　　　　　　（　　　）

5. 原始凭证的填制可以涂改、刮擦、挖补。　　　　　（　　　）

5.3 判断题

6. 记账凭证可以根据每一张原始凭证填制，也可以根据若干张同类原始凭证汇总填制。　　　　　　　　　　　　　　　（　　　）

7. 对于涉及"库存现金"和"银行存款"之间的相互划转业务，只填制收款凭证。　　　　　　　　　　　　　　　　　（　　　）

8. 单式记账凭证能全面反映账户之间的对应关系。　（　　　）

9. 会计凭证的传递程序和时间可以由各单位自行随意确定。　　　　　　　　　　　　　　　　　　　　　　　　　（　　　）

10. 会计凭证保管期满后就可以销毁。　　　　　　　（　　　）

5.4　原始凭证纠错

▰▰▰ **能力提升训练** ➤➤➤ ▷▷▷▷▷▷▷▷▷▷▷▷▷▷

一、原始凭证纠错

以下是一张存在错误的领料单，请指出错误之处并改正。

领料单

领料单位：生产车间凭证编号：005 用途：生产产品 A2024 年 10 月 10 日，发料仓库：原材料库

材料编号	材料名称	规格	计量单位	请领数量	实发数量	单位成本	金额（元）	备注
001	钢材	5mm	吨	5（此处数字模糊不清，假设为5）	4	3 000	12 000	无

二、记账凭证填制与分析

根据以下经济业务，填制相应的记账凭证（收款凭证、付款凭证或转账凭证），并分析所涉及的会计科目及借贷方向。

1. 2024 年 12 月 18 日，企业销售 A 产品一批，售价 10 000 元，增值税税额 1 300 元，款项已存入银行。

2. 2024 年 12 月 6 日，企业购买办公用品一批，价款 500 元，增值税税额 65 元，以现金支付。

3. 2024 年 12 月 31 日，企业计提本月固定资产折旧 3 000 元，其中生产车间固定资产折旧 2 000 元，行政管理部门固定资产折旧 1 000 元。

5.5　记账凭证填制与分析

综合拓展 ▶▶▶▶▶▶▶▶▶▶▶▶▶▶

一、案例分析题

案例一：

某企业在一次内部审计中发现，部分记账凭证后所附原始凭证缺失或不完整。例如，一笔 50 000 元的设备维修费用支出，记账凭证后仅附有一张维修发票，没有维修明细清单和验收报告；另外，几笔原材料采购业务的记账凭证，只附上了采购合同，而缺少入库单和供应商的发货单。审计人员进一步调查发现，这些问题导致无法准确核实经济业务的真实性和合理性，也难以确定成本费用的归属和核算准确性。请分析该企业在原始凭证管理方面存在哪些问题，可能带来哪些后果，以及应如何改进。

案例二：

某公司财务人员在审核记账凭证时，发现一张由销售部门提交的收款凭证存在异常。该收款凭证显示收到客户货款 100 000 元，但所附原始凭证仅有一张银行收款回单，回单上的付款方名称与公司客户名单中的名称不一致，且摘要栏只简单写了"货款"，没有具体的销售业务信息。财务人员询问销售部门相关人员，得到的答复含糊不清。请分析这张收款凭证可能存在的问题，财务人员应如何进一步核实处理，以及从内部控制角度如何防范类似问题的发生。

二、讨论题

在反腐倡廉工作中，会计凭证起着至关重要的作用。请举例说明企业如何通过规范会计凭证的填制、审核和保管流程，来有效预防和发现腐败行为，以及会计人员在其中应秉持怎样的职业道德和价值观。

5.6　综合拓展

第六章

会 计 账 簿

一、会计账簿概述

1. 会计账簿的概念

由一定格式账页组成，以审核后的会计凭证为依据，全面、系统、连续记录经济业务事项的簿籍，是连接会计凭证与会计报表的关键环节。

2. 会计账簿的意义

（1）提供系统完整的会计信息，将分散的凭证核算资料系统化，为企业经济管理提供了有力支持。

（2）考核企业经营成果、分析经济活动，通过账簿记录评价企业经营情况，促进企业遵纪守法和提高效益。

（3）编制会计报表的资料来源，账簿数据的准确性直接影响财务报告质量。

3. 会计账簿的分类

（1）按照用途不同，账簿可分为序时账簿（日记账，如现金日记账、银行存款日记账）、分类账簿（总分类账簿和明细分类账簿）和备查账簿（用于记录特殊事项，如固定资产卡片、合同台账）。

（2）按账页格式分为两栏式、三栏式、多栏式和数量金额式账簿。

（3）按外形特征分为订本账（适用于总账、现金日记账、银行存款日记账）、活页账（常用于明细分类账）和卡片账（如固定资产核算）。

二、会计账簿的设置与登记

1. 账簿的设置要求

根据单位经济业务特点和经营管理需要设置，确保全面记录监督经济活动，兼顾分工明确和资源合理利用，格式应简洁实用。

2. 会计账簿的基本内容

封面：标明账簿名称和记账单位名称。

扉页：标明会计账簿使用信息，如科目索引、账簿启用和经管人员一览表。

账页：包括账户名称、登记日期、记账凭证种类和编号、摘要栏、金额栏、总页次、分户页次等。

3. 会计账簿的启用规则

手工账簿启用时，写明账簿名称和记账单位名称，附启用表并盖章，订本账编定页码，活页账编号装订后编页码，年度启用新账结转上年余额。

财务系统账簿启用涉及设置会计年度、配置科目体系、录入期初余额、设置操作权限、测试系统、日常处理和数据备份等。

4. 会计账簿的登记规则

以审核无误的会计凭证为依据，数字准确、摘要清楚、登记及时、字迹工整，标记记账凭证，书写留空格，正常用蓝黑墨水或碳素墨水，特殊情况用红色墨水，连续登记，按规定结出余额和进行结转下页登记，不得涂改、刮擦。

三、账簿的格式与登记方法

1. 日记账的格式和登记方法

（1）普通日记账：一般采用两栏式，记录经济业务的账户名称及借贷方金额。

（2）特种日记账：我国企业常设置现金日记账和银行存款日记账，格式有三栏式和多栏式。登记时按时间顺序逐日逐笔，依据记账凭证，记录日期、凭证号、摘要、对方科目、收入支出金额等，做到日清月结。

2. 总分类账的格式和登记方法

（1）格式：最常用三栏式，设有借方、贷方和余额三个基本金额栏目。

（2）登记方法：根据单位业务量大小，可依据记账凭证逐笔登记或根据记账凭证汇总表等定期登记。

3. 明细分类账的格式和登记方法

（1）格式：主要有三栏式（适用于资本、债权、债务账户明细核算）、多栏式（分为借方多栏式、贷方多栏式和借贷多栏式，适用于成本、费用、收入等账户明细核算）、数量金额式（适用于财产物资账户明细核算）和横线登记式（适用于材料采购、在途物资、应收票据等业务）。

（2）登记方法：根据管理需求，以记账凭证、原始凭证或汇总凭证为依据，逐日逐笔或定期汇总登记。固定资产、债权债务等明细分类账逐笔登记；库存商品、原材料等可逐笔或定期汇总登记；收入、费用、成本等明细分类账可逐日汇总或定期汇总登记。

4. 总分类账户与明细分类账户的平行登记

（1）关系：总分类账户统驭所属明细分类账户，明细分类账户对总分类账户起辅助作用，二者核算对象相同，提供资料互相补充，需平行登记。

（2）要点：依据相同（同一份原始凭证或记账凭证）、方向相同（借贷方向一致）、期间一致（同一会计期间）、金额相等（总账金额与所属明细账金额合计数相等）。

四、对账与结账

1. 对账

（1）概念：定期核对账簿记录，确保账证相符、账账相符和账实相符。

（2）对账内容。

账证核对：将账簿记录与原始凭证、记账凭证核对，涉及现金、银行存款日记账与收付款凭证，总账与记账凭证，明细账与记账凭证及原始凭证或汇总表的核对。

账账核对：包括总分类账簿之间、总分类账簿与所属明细分类账簿、总分类账簿与序时账簿、明细分类账簿之间的核对。

账实核对：对库存现金、银行存款、财产物资、债权债务等账面余额与实有数额进行核对，账实不符原因包括自然损耗、计量检验偏差、管理不善、账簿记录错误、未达账项和意外灾害等，需加强财产清查。

2. 结账

（1）概念：定期结算账簿记录，包括月结、季结和年结，内容为结清损益类账户计算利润，结出资产、负债和所有者权益账户本期发生额和期末余额。

（2）程序：结账前确保本期经济业务全部入账且正确，依据权责发生制调整账项（如应计收入、应计费用、收入分摊、成本分摊），将损益类账户余额转入"本年利润"账户，结出资产、负债和所有者权益账户余额并转入下期，最后进行试算平衡。

（3）方法：根据不同账户类型采用不同结账方法，如不需按月结计发生额的账户月末结账划单红线；现金日记账等需按月结计发生额的账户月末结账结出本月发生额和余额并划单红线，某些明细账结计本年累计发生额，每月结账时在"本月合计"下登记累计发生额并划单红线，12月末"本年累计"划双红线；总账账户平时结计月末余额，年终结账结计全年发生额和年末余额并划双红线；年度终了有余额账户结转下年，注明"结转下年"和"上年结转"。

五、错账查找与更正的方法

1. 错账查找方法

差数法：适用于漏记一方的情况，通过回忆和核对查找。

尾数法：适用于借贷方金额其他位数一致仅末位数差错的情况。

除 2 法：用于借方金额错记入贷方或相反的情况，差数除以 2 得出反向金额。

除 9 法：适用于数字写小、写大或邻数颠倒的情况，根据差数除以 9 的结果及相应规则查找。

2. 错账更正方法

（1）划线更正法：结账前发现账簿记录文字或数字错误而记账凭证无误时，在错误处划红线，上方填写正确内容并盖章，文字错误可只划去错误部分，数字错误需划销全部数字。

（2）红字更正法：记账后当年内发现记账凭证应借、应贷科目错误，用红字填写与原凭证相同的凭证注销原记录，再用蓝字填写正确凭证；会计科目无误但所记金额大于应记金额时，按多记金额用红字填制相同科目凭证冲销多记金额。

（3）补充登记法：记账后发现记账凭证应借、应贷科目无误但所记金额小于应记金额时，按少记金额用蓝字填制相同科目凭证补充少记金额。

六、会计账簿的更换与保管

1. 会计账簿的更换：总账、日记账和多数明细账每年更换一次，新账建立时结转余额并注明"上年结转"，变动不大的明细账如备查账簿可连续使用。

2. 会计账簿的保管：年度终了旧账集中管理，暂由财务会计部门保管一年后移交档案部门，按年度分类归档、编造目录、妥善保管，保管期满按审批程序销毁。

基础知识巩固 ▶▶▶▶▶▶▶▶▶▶▶▶▶▶▶

一、单选题

1. 会计账簿按其（   ）不同，可分为序时账簿、分类账簿和备查账簿。

A. 用途   B. 外形特征

    C. 账页格式　　　　　　　　　　D. 填制方法

2. 下列账簿中，属于序时账簿的是（　　　）。

    A. 总分类账　　　　　　　　　　B. 明细分类账

    C. 现金日记账　　　　　　　　　D. 固定资产明细账

3. 下列各项中，应采用订本式账簿的是（　　　）。

    A. 库存商品明细账　　　　　　　B. 固定资产明细账

    C. 应收账款明细账　　　　　　　D. 现金日记账

4. 总分类账的账页格式一般采用（　　　）。

    A. 两栏式　　　　　　　　　　　B. 三栏式

    C. 多栏式　　　　　　　　　　　D. 数量金额式

5. 可以根据记账凭证逐笔登记，也可以根据记账凭证汇总表等定期登记的账簿是（　　　）。

    A. 现金日记账　　　　　　　　　B. 银行存款日记账

    C. 总分类账　　　　　　　　　　D. 明细分类账

6. 下列明细账中，通常采用多栏式账页格式的是（　　　）。

    A. 应收账款明细账　　　　　　　B. 原材料明细账

    C. 制造费用明细账　　　　　　　D. 固定资产明细账

7. 下列账簿中，一般不需要根据记账凭证登记的是（　　　）。

    A. 总分类账　　　　　　　　　　B. 明细分类账

    C. 备查账簿　　　　　　　　　　D. 日记账

8. 现金日记账和银行存款日记账必须采用（　　　）账簿。

    A. 订本式　　　　　　　　　　　B. 活页式

    C. 卡片式　　　　　　　　　　　D. 以上均可

9. 登记账簿时，错误的做法是（　　　）。

    A. 文字和数字的书写占格距的二分之一

    B. 使用圆珠笔书写

    C. 在发生的空行、空页上画线注销

    D. 按账簿页次顺序连续登记

10. 下列关于账簿登记规则的说法，错误的是（　　　）。

    A. 登记账簿必须以审核无误的会计凭证为依据

    B. 账簿记录发生错误时，不得涂改、挖补、刮擦

    C. 记账时应使用蓝黑墨水或碳素墨水书写

    D. 可以根据需要随时更换账簿

11. 下列关于总分类账户与明细分类账户关系的表述，正确的是（　　　）。

    A. 总分类账户对明细分类账户具有统驭控制作用

    B. 明细分类账户对总分类账户具有补充说明作用

    C. 总分类账户与其所属明细分类账户在总金额上应当相等

D. 以上都正确

12. 总分类账户与明细分类账户平行登记的要点不包括（　　）。

A. 依据相同   B. 方向相同

C. 期间一致   D. 格式相同

13. 对账时，账证核对不包括（　　）。

A. 总账与记账凭证核对   B. 明细账与记账凭证核对

C. 日记账与原始凭证核对   D. 总账与原始凭证核对

14. 账账核对不包括（　　）。

A. 总账与所属明细账核对   B. 总账与日记账核对

C. 明细账与备查账核对   D. 总账与总账核对

15. 下列不属于账实核对的是（　　）。

A. 现金日记账账面余额与现金实际库存数核对

B. 银行存款日记账账面余额与银行对账单余额核对

C. 总账与明细账核对

D. 财产物资明细账账面余额与实有数额核对

16. 结账时，应当划通栏双红线的是（　　）。

A. 结出当月发生额后

B. 结出本年累计发生额后

C. 12 月末结出全年累计发生额后

D. 结出本季发生额后

17. 下列关于结账方法的表述，错误的是（　　）。

A. 总账账户平时只需结计月末余额

B. 现金日记账每月结账时要结出本月发生额和月末余额

C. 不需要按月结计发生额的账户，每月最后一笔余额即为月末余额

D. 年终结账时，所有总账账户都要结计全年发生额和年末余额

18. 企业在结账前发现账簿记录有文字或数字错误，而记账凭证没有错误，应采用（　　）进行更正。

A. 划线更正法   B. 红字更正法

C. 补充登记法   D. 平行登记法

19. 记账后发现记账凭证中应借、应贷会计科目有错误，应采用（　　）更正。

A. 划线更正法   B. 红字更正法

C. 补充登记法   D. 重新填制记账凭证

20. 记账后发现记账凭证填写的应借、应贷会计科目无误，只是所记金额小于应记金额，应采用（　　）更正。

A. 划线更正法   B. 红字更正法

  C. 补充登记法　　　　　　　　　D. 以上方法均可

21. 某企业用银行存款归还前欠货款，记账凭证误将借方科目记为"应收账款"，并已登记入账。应采用（　　）更正。

  A. 划线更正法　　　　　　　　　B. 红字更正法

  C. 补充登记法　　　　　　　　　D. 重新填制记账凭证

22. 某企业计提本月固定资产折旧 5 000 元，记账凭证误写成50 000 元，并已登记入账。应采用（　　）更正。

  A. 划线更正法　　　　　　　　　B. 红字更正法

  C. 补充登记法　　　　　　　　　D. 重新填制记账凭证

23. 会计账簿暂由本单位财务会计部门保管（　　）。

  A. 半年　　　　　　　　　　　　B. 一年

  C. 两年　　　　　　　　　　　　D. 三年

24. 下列关于会计账簿更换的说法，正确的是（　　）。

  A. 总账、日记账和多数明细账每年更换一次

  B. 变动不大的明细账可以不更换

  C. 备查账簿可以连续使用

  D. 以上都正确

6.1　单选题

25. 企业将现金存入银行，应编制（　　）。

  A. 现金收款凭证　　　　　　　　B. 现金付款凭证

  C. 银行存款收款凭证　　　　　　D. 银行存款付款凭证

二、多选题

1. 会计账簿的作用包括（　　）。

  A. 提供系统完整的会计信息　　　B. 考核企业经营成果

  C. 编制会计报表的资料来源　　　D. 明确经济责任

2. 下列属于备查账簿的有（　　）。

  A. 租入固定资产登记簿　　　　　B. 受托加工材料登记簿

  C. 代销商品登记簿　　　　　　　D. 固定资产卡片

3. 下列账簿中，可采用三栏式账页格式的有（　　）。

  A. 应收账款明细账　　　　　　　B. 应付账款明细账

  C. 管理费用明细账　　　　　　　D. 实收资本明细账

4. 下列关于明细分类账的格式和登记方法的说法，正确的有（　　）。

  A. 明细分类账的格式主要有三栏式、多栏式、数量金额式和横线登记式

  B. 固定资产明细账一般采用数量金额式账页格式

  C. 债权、债务明细账应逐日逐笔登记

  D. 收入、费用明细账可以逐日逐笔登记，也可以定期汇总登记

5. 总分类账户与明细分类账户平行登记的依据包括（　　）。

    A. 原始凭证　　　　　　　　B. 记账凭证

    C. 汇总原始凭证　　　　　　D. 科目汇总表

6. 对账的内容包括（　　）。

    A. 账证核对　　　　　　　　B. 账账核对

    C. 账实核对　　　　　　　　D. 账表核对

7. 账账核对包括（　　）。

    A. 总分类账簿之间的核对

    B. 总分类账簿与所属明细分类账簿核对

    C. 总分类账簿与序时账簿核对

    D. 明细分类账簿之间的核对

8. 账实核对的内容主要有（　　）。

    A. 现金日记账账面余额与现金实际库存数核对

    B. 银行存款日记账账面余额与银行对账单余额核对

    C. 各项财产物资明细账账面余额与实有数额核对

    D. 有关债权债务明细账账面余额与对方单位账面记录核对

9. 结账的程序包括（　　）。

    A. 结账前，将本期发生的经济业务全部登记入账

    B. 调整有关账项

    C. 将各损益类账户余额转入"本年利润"账户

    D. 结出资产、负债和所有者权益账户的本期发生额和余额

10. 下列关于结账方法的说法，正确的有（　　）。

    A. 对于不需按月结计本期发生额的账户，每月最后一笔余额即为月末余额

    B. 现金日记账和需要按月结计发生额的收入、费用等明细账，月末结账时要结出本月发生额和月末余额

    C. 需要结计本年累计发生额的某些明细账，每月结账时应在"本月合计"行下结出自年初起至本月末止的累计发生额

    D. 总账账户平时只需结计月末余额，年终结账时要结计全年发生额和年末余额

11. 错账查找的方法主要有（　　）。

    A. 差数法　　　　　　　　　B. 尾数法

    C. 除 2 法　　　　　　　　　D. 除 9 法

12. 下列情况中，可能使用红字更正法的有（　　）。

    A. 记账后发现记账凭证中应借、应贷会计科目有错误

    B. 记账后发现记账凭证填写的应借、应贷会计科目无误，但所记金额大于应记金额

  C. 记账后发现记账凭证填写的应借、应贷会计科目无误，但所记金额小于应记金额

  D. 结账前发现账簿记录有文字或数字错误，而记账凭证没有错误

13. 下列关于会计账簿更换的说法，正确的有（   ）。

  A. 总账、日记账和多数明细账每年更换一次

  B. 变动不大的明细账可以连续使用

  C. 备查账簿可以连续使用

  D. 会计账簿更换时，应将各账户的余额结转到新账簿

14. 会计账簿保管的要求有（   ）。

  A. 暂由本单位财务会计部门保管一年

  B. 期满后编造清册移交本单位档案部门保管

  C. 按年度分类归档，编造目录

  D. 保证账簿安全完整，便于查阅

15. 下列关于账簿登记规则的说法，正确的有（   ）。

  A. 登记账簿时，文字和数字的书写应占格距的二分之一

  B. 正常记账应使用蓝黑墨水或碳素墨水

  C. 特殊记账可使用红色墨水

  D. 账簿记录发生错误时，不得涂改、挖补、刮擦

16. 下列情况中，可以用红色墨水记账的有（   ）。

  A. 在不设借贷等栏的多栏式账页中，登记减少数

  B. 按照红字冲账的记账凭证，冲销错误记录

  C. 在三栏式账户的余额栏前，如未印明余额方向的，在余额栏内登记负数余额

  D. 在三栏式账户的余额栏前，印明余额方向，在余额栏内登记负数余额

6.2 多选题

17. 下列适合采用多栏式明细账核算的有（   ）。

  A. 应收账款   B. 实收资本

  C. 主营业务收入   D. 生产成本

三、判断题

1. 会计账簿是编制会计报表的直接依据。 （   ）

2. 序时账簿就是现金日记账和银行存款日记账。 （   ）

3. 备查账簿可以为某些经济业务提供必要的参考资料，因此它属于正式账簿，必须根据记账凭证登记。 （   ）

4. 总分类账和明细分类账必须采用订本式账簿。 （   ）

5. 三栏式账簿适用于只进行金额核算的资本、债权、债务明细账。 （   ）

6. 多栏式账簿主要适用于收入、费用、成本等明细账。（　　）

7. 总分类账户与明细分类账户平行登记的要点是依据相同、方向相同、期间一致、金额相等。（　　）

8. 账证核对是指将会计账簿记录与原始凭证、记账凭证进行核对。（　　）

9. 结账就是结算各种账簿的本期发生额和期末余额。（　　）

10. 会计账簿的保管期限届满后，可自行销毁。（　　）

6.3　判断题

能力提升训练 ❯❯❯❯❯❯❯❯❯❯❯❯❯❯

一、账簿登记与分析

某企业 2024 年 10 月发生以下经济业务，请根据业务内容选择合适的账簿进行登记（可多选），并简要说明选择的理由，同时分析该业务对相关账簿记录的影响（借贷方向及金额变化）。

1. 企业从银行提取现金 5 000 元备用。

2. 企业购入原材料一批，价款 8 000 元，增值税税额 1 040 元，款项已用银行存款支付，材料已验收入库。

3. 企业销售产品一批，售价 12 000 元，增值税税额 1 560 元，款项尚未收到。

6.4　账簿登记
与分析

二、错账更正实践

某企业在账簿登记过程中出现了以下错误，请分别指出应采用的错账更正方法，并进行更正操作。

1. 记账人员在登记"应收账款——A 公司"明细账时，将一笔借方发生额 3 500 元误记为 5 300 元。

2. 企业计提本月固定资产折旧，记账凭证上应借"制造费用"8 000 元，应贷"累计折旧"8 000 元，但在登记总账时，误将借方金额记为 6 000 元。

3. 企业以现金支付办公用品费用 300 元，记账凭证上编制的会计分录为：借：管理费用 300，贷：银行存款 300，并已登记入账。

6.5　错账更正
实践

综合拓展 ❯❯❯❯❯❯❯❯❯❯❯❯❯❯

一、案例分析题

案例一：

某公司财务人员在登记账簿时，为了简化操作，将几笔同类经济业务汇总后编制了一张记账凭证，并据此登记入账。例如，将一周内的多次现金采购业务汇总记录，没有按照每笔业务逐笔登记现金日记账。一段时间后，发现其中一笔采购业务存在质量问题，需要与供应商协商退款，但由于账簿记录不详细，无法快速准确地找到该笔业务的原始凭证和相关记录，给工作带来了极大的困扰。请分析该财务人员的做法存在哪些问题，违背了哪些会计账簿登记规则，可能导致哪些后果，以及应如何改进。

案例二：

某企业在年度审计时，审计人员发现企业的会计账簿存在诸多疑点。部分明细账的余额与总账余额不符，经进一步检查发现，是由于会计人员在结账过程中没有正确进行账项调整，导致一些应计收入和应计费用没有及时入账。同时，还发现某些记账凭证后附的原始凭证不完整，且存在一些涂改痕迹。请分析该企业在会计账簿管理方面存在哪些问题，可能隐藏着哪些风险，以及应如何加强会计账簿管理以防范类似问题的发生。

二、讨论题

6.6　综合拓展

在当今数字化时代，会计信息系统逐渐普及，电子会计账簿的使用越来越广泛。请结合社会主义核心价值观中的"诚信"和"法治"，阐述电子会计账簿的使用如何保障会计信息的真实性、可靠性和安全性，以及会计人员在电子会计账簿环境下应如何坚守职业道德和遵守法律法规。同时，分析如果电子会计账簿出现造假行为，可能对企业和社会造成哪些危害，并提出防范电子会计账簿造假的措施。

第七章

财 产 清 查

一、财产清查概述

1. 财产清查的定义与意义

（1）定义：通过对货币资金、实物资产的盘点与对银行存款、债权债务的核对来确定各项物资、货币资金、债权债务的实存数，并查明实存数与账存数是否相符的专门方法。

（2）意义：保证账实相符，提高会计资料准确性；保障财产物资安全完整；加速资金周转，提高资金使用效益；确保财经纪律和结算制度有效执行。

2. 账实不符原因

收发物资计量检验误差、自然增减变化、管理不善或失职、贪污盗窃、营私舞弊、未达账项、自然灾害等。

3. 财产清查的种类

（1）按清查对象与范围分类

全面清查：对所有财产物资进行全面盘点和核对，内容包括货币资金、实物资产、在途物资、往来款项等，一般在年终决算前、单位撤销或改变隶属关系等情况下进行清查。

局部清查：根据需要对一部分财产进行清查，如库存现金每日终了清点、银行存款每月核对、存货定期抽查等。

（2）按清查时间分类

定期清查：按预先安排时间清查，如每日结账时对库存现金、每月结账时对银行存款日记账、年底决算前全面清查等，可全面或局部清查。

不定期清查：根据实际需要临时清查，如更换保管人员、发生灾害损失、上级检查、临时性清产核资等，可全面或局部清查。

4. 财产物资的盘存制度

（1）永续盘存制：日常核算中对财产物资逐笔或逐日登记收入

和发出数量，随时结出结存数量，公式为期末结存数＝期初账面结存数＋本期增加数－本期减少数，优点是能随时反映动态、利于安排采购和控制库存、可及时发现损失，缺点是日常核算工作量大，不宜广泛应用。

（2）实地盘存制：平时只登记增加数，期末实地盘点确定期末实存数，倒挤出本期减少数，公式为本期减少数＝期初账面结存数＋本期增加数－期末实存数，优点是简化记账工作，缺点是不能随时反映动态、掩盖非正常损耗、不利于管理、不能及时结转成本，非特殊情况不宜采用。

二、财产清查的方法

1. 财产清查的准备工作

（1）组织准备：成立财产清查领导小组，负责拟订计划、安排步骤、配备人员、检查督促工作、撰写报告等。

（2）业务准备：会计部门提供正确账簿资料并结出余额；财产物资保管和使用部门登记明细账、整理实物并贴标签；准备计量器具和清单表册。

2. 财产清查的方法

（1）货币资金清查方法。

库存现金清查：采用实地盘点法，出纳在场，清查时注意账实相符及现金管理制度遵守情况，填制"库存现金盘点报告表"，可作现金实存账存比照表和调整账簿记录原始凭证。

银行存款清查：与开户银行核对账目，若余额不符，原因可能是记账错误或未达账项（企业已收银行未收、企业已付银行未付、银行已收企业未收、银行已付企业未付），需编制"银行存款余额调节表"，以双方账面余额为基础，各自加对方已收己方未收、减对方已付己方未付，调节后余额相等说明账面记录一般无错，不需追查原因，调节表不能作为调整账面记录依据，未达账项收到凭证后再处理。

（2）实物清查方法。

实地盘点法：适用于一般实物资产，逐一清点或用计量仪器确定实存数，准确可靠但工作量大。

技术推算法：适用于大量成堆难以逐一清点的财产物资，如煤矿、沙石等，利用技术方法推算实存数。

盘点时保管人员必须在场，结果登记"盘存单"，经盘点和保管人员签章生效，是实物实有数原始凭证，账实不符时编制"实际库存与账面库存对比表"（盘盈盘亏报告），分析盈亏原因、界定责任并作调整账面记录原始凭证。

（3）往来款项清查方法。

采用发函询证法核对，清查后编制"往来款项清查报告单"，填列债权债务余额，对有争执或无法收回款项详细列明情况，收到对方回单后对错误账目查明原因并更正，最后编制"往来款项清查报告表"。

三、财产清查结果的处理

1. 财产清查结果处理的要求

分析差异原因和性质，提出处理建议。

积极处理多余积压财产，清理往来款项。

总结经验教训，建立健全管理制度。

及时调整账簿记录，保证账实相符。

2. 财产清查结果处理的步骤与方法

审批之前：根据查实数据资料填制记账凭证，记入账簿，使账簿记录与实际盘存数相符，同时将处理建议报相关机构批准。

审批之后：期末结账前查明原因，经批准后按意见进行账务处理，填制记账凭证，登记账簿，追回损失；若期末结账前未批准，对外提供财务报表时先按规定处理并附注说明，其后批准处理金额与已处理金额不一致时调整年初数。

3. 财产清查结果的账务处理

设置"待处理财产损溢"账户：核算财产物资盘盈、盘亏、毁损及处理情况，借方登记盘亏数、毁损数和批准转销的盘盈数，贷方登记盘盈数和批准转销的盘亏及毁损数，属双重性质资产类账户，下设"待处理流动资产损溢"和"待处理非流动资产损溢"明细科目，期末结账后无余额（固定资产盘盈通过"以前年度损益调整"核算）。

4. 库存现金清查结果账务处理

盘盈：按盘盈金额借记"库存现金"，贷记"待处理财产损溢——待处理流动资产损溢"；查明原因后，按管理权限批准，支付或退还他人的贷记"其他应付款"，无法查明原因的贷记"营业外收入"。

盘亏：按盘亏金额借记"待处理财产损溢——待处理流动资产损溢"，贷记"库存现金"；查明原因后，按可收回赔偿借记"其他应收款"，管理不善等造成净损失借记"管理费用"，自然灾害等造成净损失借记"营业外支出"，贷记"待处理财产损溢——待处理流动资产损溢"。

5. 存货清查结果账务处理

盘盈：按重置成本借记"原材料""库存商品"等，贷记"待处理财产损溢——待处理流动资产损溢"；查明原因后，按管理权限批准，冲减管理费用，即借记"待处理财产损溢——待处理流动资产损溢"，贷记"管理费用"。

盘亏：按盘亏金额借记"待处理财产损溢——待处理流动资产损溢"，贷记"原材料""库存商品"等，涉及成本差异或进销差价的需结转；查明原因后，按可收回赔偿借记"其他应收款"，管理不善等造成净损失借记"管理费用"，自然灾害等造成净损失借记"营业外支出"，贷记"待处理财产损溢——待处理流动资产损溢"。

6. 固定资产清查结果账务处理

盘盈：作为前期过失处理，通过"以前年度损益调整"核算，按重置成本借记"固定资产"，贷记"以前年度损益调整"。

盘亏：按账面价值借记"待处理财产损溢——待处理非流动资产损溢"，按已提折旧借记"累计折旧"，按原价贷记"固定资产"；查明原因后，按过失人及保险公司赔偿借记"其他应收款"，扣除赔偿后的差额借记"营业外支出"，贷记"待处理财产损溢——待处理非流动资产损溢"。

7. 结算往来款项盘存账务处理

无法收回的应收款项作为坏账损失冲减坏账准备，借记"坏账准备"，贷记"应收账款"等；无法支付的应付款项经批准转作营业外收入，借记"应付账款"，贷记"营业外收入"。企业采用备抵法计提坏账准备，期末计提时借记"信用减值损失——计提坏账准备"，贷记"坏账准备"。

基础知识巩固

一、单选题

1. 财产清查是通过对货币资金、实物资产和往来款项的盘点或核对，确定其实存数，并查明（　　）是否相符的一种专门方法。

　　A. 账证　　　　　　　　　　B. 账账

　　C. 账实　　　　　　　　　　D. 账表

2. 下列各项中，属于全面清查的是（　　）。

　　A. 出纳人员每日终了对库存现金的清点

　　B. 企业每月对银行存款的核对

　　C. 企业在年终决算前对所有财产物资进行的盘点和核对

　　D. 企业对贵重物资每月进行的清查

3. 一般情况下，在年终决算前，企业需要进行（　　）。

　　A. 局部清查　　　　　　　　B. 全面清查

　　C. 定期清查　　　　　　　　D. 不定期清查

4. 永续盘存制的优点是（　　）。

　　A. 简化记账工作

B. 便于随时掌握财产物资的收发、结存情况

C. 有利于加强对财产物资的管理

D. B 和 C

5. 实地盘存制下，平时在账簿中（　　　）。

A. 既登记增加数，也登记减少数

B. 只登记增加数，不登记减少数

C. 只登记减少数，不登记增加数

D. 不登记任何数

6. 库存现金清查的方法是（　　　）。

A. 核对账目法　　　　　　　B. 实地盘点法

C. 技术推算法　　　　　　　D. 发函询证法

7. 银行存款清查的一般方法是（　　　）。

A. 实地盘点法　　　　　　　B. 技术推算法

C. 与开户银行核对账目法　　D. 函证核对法

8. 银行存款日记账余额与银行对账单余额不一致的原因可能是（　　　）。

A. 企业记账有误　　　　　　B. 银行记账有误

C. 存在未达账项　　　　　　D. 以上都有可能

9. 未达账项不包括（　　　）。

A. 企业已收款入账，而银行未收款未记账的款项

B. 企业已付款入账，而银行未付款未记账的款项

C. 银行已收款入账，而企业未收款未记账的款项

D. 企业和银行双方都已入账，但金额不一致的款项

10. 企业在编制银行存款余额调节表时，应以（　　　）为基础。

A. 银行存款日记账余额　　　B. 银行对账单余额

C. 双方账面余额　　　　　　D. 以上都可以

11. 在实物资产清查中，对于大量成堆、难以逐一清点的财产物资，应采用（　　　）。

A. 实地盘点法　　　　　　　B. 技术推算法

C. 抽样盘点法　　　　　　　D. 核对账目法

12. 实地盘点法适用于（　　　）。

A. 库存现金清查　　　　　　B. 银行存款清查

C. 固定资产清查　　　　　　D. A 和 C

13. 往来款项清查一般采用（　　　）。

A. 实地盘点法　　　　　　　B. 核对账目法

C. 发函询证法　　　　　　　D. 技术推算法

14. 对于盘盈的存货，应按其（　　　）作为入账价值。

A. 历史成本　　　　　　　　B. 重置成本

C. 可变现净值　　　　　　　　D. 计划成本

15. 固定资产盘盈时，应通过（　　）科目核算。

　　A. 待处理财产损溢　　　　　B. 以前年度损益调整

　　C. 营业外收入　　　　　　　D. 固定资产清理

16. 固定资产盘亏时，按盘亏固定资产的账面价值，借记（　　）科目。

　　A. 待处理财产损溢——待处理流动资产损溢

　　B. 待处理财产损溢——待处理非流动资产损溢

　　C. 营业外支出

　　D. 累计折旧

17. 企业无法收回的应收账款作为坏账损失时，应借记（　　）科目。

　　A. 信用减值损失　　　　　　B. 坏账准备

　　C. 应收账款　　　　　　　　D. 营业外支出

18. 企业计提坏账准备时，应借记（　　）科目。

　　A. 信用减值损失　　　　　　B. 坏账准备

　　C. 应收账款　　　　　　　　D. 管理费用

19. 财产清查结果处理的第一步是（　　）。

　　A. 查明原因　　　　　　　　B. 调整账簿记录

　　C. 报经批准　　　　　　　　D. 进行账务处理

20. 企业在财产清查中发现存货盘亏，经查明是由于管理不善造成的，应计入（　　）。

　　A. 其他应收款　　　　　　　B. 管理费用

　　C. 营业外支出　　　　　　　D. 生产成本

7.1　单选题

二、多选题

1. 财产清查的意义包括（　　）。

　　A. 保证账实相符，提高会计资料的准确性

　　B. 切实保障各项财产物资的安全完整

　　C. 加速资金周转，提高资金使用效益

　　D. 确保财经纪律和结算制度的有效执行

2. 全面清查的内容包括（　　）。

　　A. 库存现金、银行存款、其他货币资金等货币资金及各种有价证券

　　B. 固定资产、原材料、在产品、半成品、产成品及其他物资

　　C. 在途的各种材料物资、委托加工物资

　　D. 各种往来结算项、预算缴拨款项

3. 局部清查的情况有（　　）。

A. 对于库存现金，每日终了时清点核对

B. 对于银行存款和银行借款，每月同银行核对一次

C. 对于存货，除年度清查外，有计划地每月重点抽查，贵重物资每月清查盘点一次

D. 对于各种往来款项，每年至少核对一至两次

4. 财产物资的盘存制度有（　　）。

A. 永续盘存制　　　　　　　　B. 实地盘存制

C. 权责发生制　　　　　　　　D. 收付实现制

5. 银行存款余额调节表的编制方法有（　　）。

A. 企业银行存款日记账余额＋银行已收企业未收款－银行已付企业未付款＝银行对账单存款余额＋企业已收银行未收款－企业已付银行未付款

B. 企业银行存款日记账余额－银行已收企业未收款＋银行已付企业未付款＝银行对账单存款余额－企业已收银行未收款＋企业已付银行未付款

C. 银行对账单存款余额＋银行已收企业未收款－银行已付企业未付款＝企业银行存款日记账余额＋企业已收银行未收款－企业已付银行未付款

D. 银行对账单存款余额－银行已收企业未收款＋银行已付企业未付款＝企业银行存款日记账余额－企业已收银行未收款＋企业已付银行未付款

6. 实物清查的方法有（　　）。

A. 实地盘点法　　　　　　　　B. 技术推算法

C. 抽样盘点法　　　　　　　　D. 发函询证法

7. 下列各项中，属于待处理财产损溢账户借方登记的内容有（　　）。

A. 财产物资的盘亏数

B. 财产物资的毁损数

C. 批准转销的财产物资盘盈数

D. 批准转销的财产物资盘亏及毁损数

8. 下列关于存货清查结果的账务处理，正确的有（　　）。

A. 盘盈的存货，按其重置成本借记"原材料""库存商品"等科目，贷记"待处理财产损溢——待处理流动资产损溢"科目

B. 盘盈的存货，查明原因后，按管理权限报经批准，借记"待处理财产损溢——待处理流动资产损溢"科目，贷记"管理费用"科目

C. 盘亏的存货，按盘亏金额借记"待处理财产损溢——待处理

流动资产损溢"科目，贷记"原材料""库存商品"等科目

  D. 盘亏的存货，查明原因后，按可收回赔偿借记"其他应收款"科目，按管理不善等原因造成净损失借记"管理费用"科目，按自然灾害等原因造成净损失借记"营业外支出"科目，贷记"待处理财产损溢——待处理流动资产损溢"科目

9. 固定资产清查结果的账务处理中，盘亏固定资产涉及的科目有（　　）。

  A. 待处理财产损溢——待处理非流动资产损溢

  B. 累计折旧

  C. 营业外支出

  D. 其他应收款

10. 企业坏账损失的核算方法有（　　）。

  A. 直接转销法   B. 备抵法

  C. 总价法   D. 净价法

7.2　多选题

三、判断题

1. 财产清查就是对企业的财产物资进行全面盘点。（　　）

2. 永续盘存制下，不需要对存货进行实地盘点。（　　）

3. 实地盘存制能随时反映各项财产物资的收入、发出和结存动态。（　　）

4. 库存现金清查时，出纳人员必须在场。（　　）

5. 银行存款余额调节表是调整银行存款账面余额的原始凭证。

（　　）

6. 对于未达账项，应编制记账凭证进行账务处理。（　　）

7. 技术推算法适用于清查固定资产。（　　）

8. 盘盈的固定资产应通过"待处理财产损溢"科目核算。

（　　）

9. 存货盘亏时，若属于管理不善等原因造成的净损失，应计入管理费用。（　　）

7.3　判断题

10. 企业计提坏账准备采用备抵法，符合会计准则规定。（　　）

▰▰▰▰　能力提升训练　▸▸▸▸▸▸▸▸▸▸▸

一、财产清查方法的选择与应用

  某企业有大量原材料存放在仓库中，这些原材料规格、型号繁多，但单位价值相对较低，且摆放较为整齐有序。同时，企业还有一

批贵重的电子设备用于生产。请分别针对原材料和电子设备选择合适的清查方法，并说明理由，简述清查过程中的注意事项。

二、未达账项分析与处理建议

某公司银行存款日记账余额为 500 000 元，银行对账单余额为 440 000 元，经核对发现以下未达账项：

1. 企业收到客户转账支票一张，金额为 80 000 元，已送存银行，但银行尚未入账。

2. 企业开出转账支票支付水电费 30 000 元，企业已入账，但银行尚未支付。

3. 银行收到企业存款利息 2 000 元，已入账，但企业尚未收到通知未入账。

4. 银行代扣企业社保费用 12 000 元，银行已入账，但企业尚未收到通知未入账。

请分析这些未达账项对企业银行存款余额的影响，并编制银行存款余额调节表。同时，从企业财务管理角度，提出对未达账项的处理建议，以确保企业资金管理的准确性和及时性。

7.4 财产清查方法的选择与应用

7.5 未达账项分析与处理建议

三、银行存款清查业务题

银行存款余额调节表编制资料：甲公司 2024 年 6 月 30 日银行存款日记账余额为 413 531 元，银行对账单余额为 418 950 元。经逐笔核对，发现以下未达账项：

1. 企业送存银行转账支票一张，金额为 20 000 元，银行尚未入账。

2. 企业开出转账支票支付货款 21 419 元，持票人尚未到银行办理转账手续。

3. 银行代企业支付水电费 5 000 元，企业尚未收到银行的付款通知。

4. 银行收到企业委托收款 9 000 元，企业尚未收到银行的收款通知。

要求：根据上述资料编制甲公司 2024 年 6 月 30 日的银行存款余额调节表。

7.6 银行存款清查业务题

四、现金清查业务题

资料：乙公司在 2024 年 7 月 31 日进行现金清查，发现现金短缺 300 元。经查明，其中 200 元是由于出纳员小李工作失误导致的，应由小李赔偿；另外 100 元无法查明原因。

要求：

编制发现现金短缺时的会计分录，并编制查明原因后处理的会计

7.7 现金清查业务题

分录。

五、存货清查业务题

7.8 存货清查
业务题

资料：丙公司在 2024 年 8 月 31 日对存货进行清查，发现 A 材料盘盈 50 千克，该材料单价为 10 元/千克。经查明，盘盈原因是计量误差。

要求：

编制发现 A 材料盘盈时的会计分录，并编制查明原因后处理的会计分录。

六、固定资产的清查业务题

7.9 固定资产
的清查业务题

资料：丁公司在 2024 年 9 月 30 日进行固定资产清查，发现一台设备盘亏。该设备原价为 50 000 元，已提折旧 20 000 元。经查明，盘亏原因是被盗，保险公司赔偿 15 000 元，其余损失由企业承担。

要求：

编制发现设备盘亏时的会计分录，并编制查明原因后处理的会计分录。

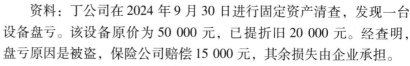

综合拓展

一、案例分析题

案例一：

某小型制造企业一直采用实地盘存制来管理存货。在一次行业交流活动中，企业老板了解到永续盘存制可能更有利于企业对存货的管理和成本控制。回到企业后，老板决定立即将存货盘存制度改为永续盘存制。然而，在实施过程中，财务人员遇到了诸多问题，如账目混乱、库存数据不准确等，导致企业生产和销售受到了一定影响。请分析该企业在改变存货盘存制度过程中存在哪些问题，可能的原因是什么，以及应如何正确实施存货盘存制度的转换。

案例二：

某公司财务部门在进行年度财产清查时，发现应收账款中有一笔金额为 50 000 元的款项已逾期两年且无法收回。经调查，该客户已破产，公司此前虽已计提了部分坏账准备，但不足以覆盖这笔损失。同时，在清查固定资产时，发现部分设备的实际使用状况与账目记录不符，存在设备闲置但仍计提折旧，以及部分设备实际已损坏但未及时进行账务处理的情况。请分析该公司在应收账款和固定资产管理方面存在哪些问题，这些问题可能对公司财务报表产生哪些影响，以及应如何加强对应收账款和固定资产的管理。

二、讨论题

在财产清查工作中，会计人员需要秉持诚实守信、客观公正的职业道德。请结合实际案例，阐述会计人员在面对企业财产清查中可能出现的账实不符情况时，如何坚守职业道德底线，确保清查结果的真实性和可靠性。同时，从法治角度分析，若会计人员违反职业道德进行虚假清查或隐瞒账实不符情况，可能面临哪些法律后果，以及如何加强会计职业道德建设和法治教育，以保障企业财产安全和市场经济秩序。例如，可参考近年来一些企业财务造假事件（如康美药业财务造假案等），分析其中会计人员的行为及后果，探讨如何从职业道德和法治层面防范此类事件的发生。

7.10 综合拓展

第八章

财务会计报告

一、财务会计报告概述

1. 财务会计报告的概念

企业对外提供的反映企业某一特定日期财务状况和某一会计期间经营成果、现金流量等会计信息的文件，是会计核算的最终成果，包括财务报表、财务报表附注和财务情况说明书。财务报表是主体和核心，至少包括"四表一注"。

2. 财务会计报告的构成与分类

（1）构成。

财务报表：包括资产负债表、利润表、现金流量表、所有者权益（或股东权益）变动表等主表及附表，由表内和附注两部分组成。

会计报表附注：对报表中列示项目的文字描述或明细资料，以及未列示项目的说明。

其他披露信息：如董事会报告、财务状况说明书等，编制基础和方式灵活，提供广泛信息。

（2）分类。

按编制主体：分为个别财务报表（单独企业编制，反映自身情况）和合并财务报表（母公司编制，反映企业集团情况）。

按编制时间：分为中期财务报表（月度、季度、半年度）和年度财务报表。

按反映经济内容：分为反映财务状况及其变动情况的报表（资产负债表、现金流量表、所有者权益变动表）和反映经营成果的报表（利润表）。

按反映资金运动形态：分为静态报表（资产负债表）、动态报表（利润表）和静态与动态相结合的报表（现金流量表、所有者权益变动表）。

3. 财务会计报告的编制要求

以持续经营为基础编制，若不合理需采用其他基础并在附注中声明。项目列报遵守重要性原则，根据性质和金额判断，重要项目单独列报，不重要项目可合并列报。列报项目保持一致性，除特定情况外不得随意变更项目列报。

财务报表项目间金额一般不能相互抵销，特定情况除外。提供比较信息列报，至少包括上一可比会计期间数据及相关说明。

财务报表表首需披露编报企业名称、日期、金额、单位及是否合并报表等信息。至少按年编制财务报表，若涵盖期间短于一年，需披露原因及影响。

二、资产负债表

1. 资产负债表的意义与作用

（1）意义：反映企业资产、负债和所有者权益全貌，帮助了解企业经济资源分布、债务结构和所有者权益情况，为分析偿债能力和盈利能力提供依据。

（2）作用：提供资产总额及结构、负债总额及结构、所有者权益情况，有助于判断资本保值增值和负债保障程度。

资产负债表的格式：由表头、表身和表尾组成，表头列示基本信息，表身是核心，反映资产、负债和所有者权益内容，表尾为补充说明。我国采用账户式结构，左列资产（按流动性大小排列），右列负债和所有者权益（按求偿权先后顺序排列），左右双方平衡，体现"资产＝负债＋所有者权益"。

2. 资产负债表的编制方法

"年初余额"根据上年年末资产负债表"期末余额"填列，若项目名称和内容有变化需调整。"期末余额"可通过以下方式取得：

（1）根据总账科目余额直接填列，如"交易性金融资产"等。

（2）根据总账科目余额计算填列，如"货币资金"。

（3）根据明细账科目余额计算填列，如"应付账款"。

（4）根据总账科目和明细账科目余额分析计算填列，如"长期借款"。

（5）根据有关账户余额减去备抵账户余额后的净额填列，如"固定资产"。

三、利润表

1. 利润表的概念和意义

（1）概念：反映企业在一定会计期间经营成果的报表，属于动态报表，根据配比原则计算利润指标。

（2）意义：了解企业收入、成本、费用和净利润实现及构成，分析企业获利能力和利润发展趋势，是利润分配依据。

2. 利润表的列示要求

（1）反映营业利润：生产活动（制造和服务）收入与成本，以及运营费用（销售、管理、财务、研发、税金及附加）、投资收益、资产减值损失、信用减值损失、其他收益、资产处置收益等，投资收益通常按净额列示。

（2）反映利润总额：等于营业利润加营业外收入减营业外支出，营业外收支与日常活动无关且无因果关系。

（3）反映净利润：利润总额减所得税费用，分为持续经营净利润和终止经营净利润。

3. 利润表的格式

由表首（含报表名称、单位、期间、计量单位）和表体（反映收入、费用及损益）组成，有单步式和多步式两种。

我国采用多步式，通过三步计算营业利润、利润总额和净利润，公式分别为：营业利润 = 营业收入 – 营业成本 – 税金及附加 – 销售费用 – 管理费用 – 财务费用 – 资产减值损失 – 信用减值损失 + 其他收益 + 投资收益 + 以摊余成本计量的金融资产终止确认收益 + 公允价值变动收益 + 资产处置收益；利润总额 = 营业利润 + 营业外收入 – 营业外支出；净利润 = 利润总额 – 所得税费用。

4. 利润表的编制方法

金额栏分"本月数"（或"上年数"）和"本年累计数"，根据编制时期不同填列。

（1）根据相关账户发生额直接填列，如"税金及附加"等。

（2）根据相关明细账户发生额直接填列，如"研发费用"等。

（3）根据相关账户发生额计算填列，如"营业收入"和"营业成本"。

（4）根据利润表内相关项目进行表间运算填列，如"营业利润"等。

基础知识巩固 ➤➤➤➤➤➤➤➤➤➤➤➤➤

一、单选题

1. 财务会计报告不包括（　　）。

    A. 财务报表 　　　　　　　B. 财务报表附注

    C. 财务情况说明书 　　　　D. 审计报告

2. 财务报表至少应当包括（ ）。

    A. 资产负债表、利润表、现金流量表

    B. 资产负债表、利润表、现金流量表、所有者权益变动表及附注

    C. 资产负债表、利润表、现金流量表、所有者权益变动表

    D. 资产负债表、利润表、所有者权益变动表及附注

3. 反映企业在某一特定日期财务状况的报表是（ ）。

    A. 利润表   B. 现金流量表

    C. 资产负债表   D. 所有者权益变动表

4. 我国企业资产负债表采用的格式是（ ）。

    A. 报告式   B. 账户式

    C. 单步式   D. 多步式

5. 资产负债表中"货币资金"项目应根据（ ）填列。

    A."库存现金"账户余额

    B."银行存款"账户余额

    C."其他货币资金"账户余额

    D."库存现金""银行存款""其他货币资金"账户期末余额合计

6. 利润表是反映企业在一定会计期间（ ）的报表。

    A. 财务状况   B. 经营成果

    C. 现金流量   D. 所有者权益变动

7. 利润表中"营业收入"项目应根据（ ）计算填列。

    A."主营业务收入"账户发生额

    B."其他业务收入"账户发生额

    C."主营业务收入"和"其他业务收入"账户发生额

    D."主营业务收入"和"其他业务收入"账户期末余额

8. 下列不属于利润表中"营业利润"构成项目的是（ ）。

    A. 投资收益   B. 营业外收入

    C. 资产减值损失   D. 公允价值变动收益

9. 企业编制财务会计报告的依据是（ ）。

    A. 真实的交易事项以及完整、准确的账簿记录

    B. 记账凭证

    C. 原始凭证

    D. 科目汇总表

10. 财务报表项目的列报应当在各个会计期间保持一致，不得随意变更，这体现了财务会计报告编制要求的（ ）。

    A. 以持续经营为基础编制

    B. 项目列报遵守重要性原则

C. 列报的一致性

D. 财务报表项目间的相互抵销

11. 资产负债表中"固定资产"项目应根据（　　）填列。

    A."固定资产"账户余额

    B."固定资产"账户余额减去"累计折旧"账户余额

    C."固定资产"账户余额减去"累计折旧"和"固定资产减值准备"账户余额

    D."固定资产"账户余额加上"累计折旧"和"固定资产减值准备"账户余额

12. 利润表中"所得税费用"项目应根据（　　）填列。

    A."所得税费用"账户借方发生额

    B."所得税费用"账户贷方发生额

    C."所得税费用"账户期末余额

    D."所得税费用"账户本期发生额

13. 下列关于财务会计报告的说法，错误的是（　　）。

    A. 财务会计报告是企业会计核算的最终成果

    B. 财务会计报告包括财务报表和其他应当在财务报告中披露的相关信息和资料

    C. 财务报表附注是财务会计报告的核心内容

    D. 财务情况说明书是对企业在一定会计期间内生产经营等情况的综合性说明

14. 资产负债表中"应付账款"项目应根据（　　）填列。

    A."应付账款"总账科目贷方余额

    B."应付账款"和"预付账款"科目所属相关明细账贷方余额合计

    C."应付账款"和"预付账款"科目所属相关明细账借方余额合计

    D."应付账款"和"应收账款"科目所属相关明细账贷方余额合计

15. 利润表中"营业外支出"项目应根据（　　）填列。

    A."营业外支出"账户借方发生额

    B."营业外支出"账户贷方发生额

    C."营业外支出"账户期末余额

    D."营业外支出"账户本期发生额

16. 鹏程公司 2017 年 12 月 31 日有关科目的余额如下：

应收账款——甲 15 000 元（借）；应付账款——A30 000 元（贷）；

预收账款——丙 20 000 元（贷）；预付账款——C10 000 元（借）；

预收账款——丁 13 000 元（借）；预付账款——D18 000 元（贷）。

则鹏程公司资产负债表上"应收账款"项目填列金额为（ ）元。

    A. 58 000   B. 25 000   C. 28 000   D. 33 000

17. 某企业 2015 年 4 月 1 日从银行借入期限为 3 年的长期借款 400 万元，编制 2017 年 12 月 31 日的资产负债表时，此项借款应填入的报表项目是（ ）。

    A. 短期借款   B. 长期借款

    C. 其他长期负债   D. 一年内到期的非流动负债

18. 2023 年 12 月 31 日，某企业"工程物资"科目的借方余额为 300 万元，"发出商品"科目的借方余额为 40 万元，"原材料"科目的借方余额为 70 万元。"材料成本差异"科目的贷方余额为 5 万元，不考虑其他因素，该企业 12 月 31 日资产负债表中"存货"项目的期末余额为（ ）万元。

    A. 115   B. 105   C. 405   D. 365

19. 某企业采用实际成本法核算存货。年末结账后，该企业"原材料"科目借方余额为 80 万元，"工程物资"科目借方余额为 16 万元，"在途物资"科目借方余额为 20 万元。不考虑其他因素，该企业年末资产负债表"存货"项目的期末余额为（ ）万元。

    A. 100   B. 116   C. 96   D. 80

20. 2024 年 12 月 31 日，某企业"材料采购"总账科目借方余额为 20 万元，"原材料"总账科目借方余额为 25 万元，"材料成本差异"总账科目贷方余额为 3 万元。不考虑其他因素，该企业资产负债表中"存货"项目期末余额为（ ）万元。

    A. 48   B. 45   C. 42   D. 22

21. 2024 年 12 月 31 日，甲企业"预收账款"总账科目贷方余额为 15 万元，其明细科目余额如下："预收账款——乙企业"科目贷方余额为 25 万元，"预收账款——丙企业"科目借方余额为 10 万元。不考虑其他因素，甲企业年末资产负债表中"预收款项"项目的期末余额为（ ）万元。

    A. 10   B. 15   C. 5   D. 25

22. 某企业销售原材料取得收入 40 000 元，增值税销项税额为 6 800 元，该材料成本为 30 000 元，出租设备取得租金收入 2 000 元（不含增值税），计提该设备折旧 1 200 元。不考虑其他因素，上述业务导致当期营业利润增加（ ）元。

    A. 10 000   B. 10 800   C. 800   D. 42 000

8.1 单选题

23. 2024 年 6 月，某企业发生以下交易或事项：支付诉讼费用 10 万元，固定资产处置净损失 8 万元，对外公益性捐赠支出 5 万元，支付税收滞纳金 1 万元，该企业 2024 年 6 月利润表"营业外支出"项目的本期金额为（ ）万元。

A. 14   B. 16   C. 19   D. 24

24. 下列各项中，应根据相关总账科目的余额直接在资产负债表中填列的是（   ）。

  A. 应付账款   B. 固定资产

  C. 长期借款   D. 短期借款

二、多选题

1. 财务报表按编制主体分类，可分为（   ）。

  A. 个别财务报表   B. 合并财务报表

  C. 中期财务报表   D. 年度财务报表

2. 财务报表按反映经济内容分类，可分为（   ）。

  A. 反映企业财务状况及其变动情况的报表

  B. 反映企业经营成果的报表

  C. 静态报表

  D. 动态报表

3. 资产负债表中"存货"项目应根据（   ）等账户期末余额合计，减去"存货跌价准备"科目期末余额后的金额填列。

  A. "在途物资"   B. "原材料"

  C. "库存商品"   D. "生产成本"

4. 利润表中"营业利润"项目的计算公式中涉及的项目有（   ）。

  A. 营业收入   B. 营业成本

  C. 税金及附加   D. 投资收益

5. 下列各项中，属于财务会计报告编制要求的有（   ）。

  A. 以持续经营为基础编制

  B. 项目列报遵守重要性原则

  C. 列报的一致性

  D. 财务报表项目间的相互抵销

6. 资产负债表的作用包括（   ）。

  A. 提供某一日期资产的总额及其结构

  B. 提供某一日期的负债总额及其结构

  C. 反映所有者所拥有的权益

  D. 分析企业的盈利能力

7. 利润表的意义在于（   ）。

  A. 了解企业收入、成本和费用及净利润的实现及构成情况

  B. 分析企业的获利能力及利润的未来发展趋势

  C. 了解投资者投入资本的保值增值情况

  D. 为企业进行利润分配提供依据

8. 下列关于资产负债表"年初余额"栏填列方法的说法，正确的有（　　）。

    A. 根据上年年末资产负债表"期末余额"栏内所列数字填列

    B. 如果本年度项目名称和内容同上年度不一致，应对上年年末资产负债表各项目的名称和数字按照本年度的规定进行调整

    C. 可以根据本年度的相关账簿记录直接填列

    D. 可以随意填列

9. 利润表中"其他收益"项目反映的内容不包括（　　）。

    A. 企业接受的政府补助

    B. 以公允价值计量且其变动计入其他综合收益的金融资产的公允价值变动收益

    C. 投资收益

    D. 资产处置收益

10. 财务报表附注的作用包括（　　）。

    A. 对在资产负债表、利润表、现金流量表和所有者权益变动表等报表中列示项目的文字描述或明细资料

    B. 对未能在这些报表中列示项目的说明

    C. 提高财务报表信息的可比性

    D. 增强财务报表信息的可理解性

11. 资产负债表中，根据总账科目减去备抵科目差额填列的有（　　）。

    A. 交易性金融资产　　　　B. 无形资产

    C. 固定资产　　　　　　　D. 在建工程

12. 下列会计科目中，期末余额应列入资产负债表"存货"项目的有（　　）。

    A. 库存商品　　　　　　　B. 材料成本差异

    C. 生产成本　　　　　　　D. 委托加工物资

13. 下列资产负债表项目中，应根据有关科目余额减去其备抵科目余额之后的净额填列的有（　　）。

    A. 固定资产　　　　　　　B. 其他应收款

    C. 长期待摊费用　　　　　D. 货币资金

8.2　多选题

三、判断题

1. 财务会计报告就是财务报表。　　　　　　　　　　　（　　）

2. 个别财务报表是由母公司编制的，反映企业集团财务状况、经营成果及现金流量的财务报表。　　　　　　　　　　（　　）

3. 资产负债表是反映企业在一定会计期间经营成果的报表。

（　　）

4. 利润表属于静态报表。

（　　）

5. 资产负债表中"应收账款"项目应根据"应收账款"科目所属各明细账的期末借方余额合计填列。

（　　）

6. 利润表中"营业成本"项目应根据"主营业务成本"和"其他业务成本"账户的发生额计算填列。

（　　）

7. 企业编制财务会计报告，可以根据需要随意调整报表项目的列报。

（　　）

8. 财务报表项目间的相互抵销是指资产项目和负债项目的金额、收入项目和费用项目的金额可以直接相减。

（　　）

9. 利润表中"净利润"项目是利润总额减去所得税费用后的金额。

（　　）

10. 资产负债表中"实收资本"项目应根据"实收资本"科目的期末余额填列。

（　　）

8.3　判断题

能力提升训练 ▶▶▶▶▶▶▶▶▶▶▶▶▶▶

一、资产负债表综合业务题 1

资料：

华天公司 2024 年 10 月的余额试算平衡表如下：

余额试算平衡表

2024 年 10 月 31 日

单位：元

会计科目	期末余额		会计科目	期末余额	
	借方	贷方		借方	贷方
库存现金	380		固定资产清理		5 000
银行存款	65 000		长期待摊费用	39 300	
其他货币资金	1 220		应付账款		31 400
应收账款	36 400		预收账款		4 200
坏账准备		500	长期借款		118 000
原材料	27 400		实收资本		300 000
库存商品	41 500		盈余公积		1 500
材料成本差异		1 900	利润分配		8 700
固定资产	324 500		本年利润		50 000
累计折旧		14 500	合计	535 700	535 700

补充资料：

1. 长期待摊费用中含将于半年内摊销的金额 3 000 元。

2. 长期借款期末余额中将于一年到期归还的长期借款数为 50 000 元。

3. 应收账款有关明细账期末余额情况为：

应收账款——A 公司　　贷方余额 5 000

应收账款——B 公司　　借方余额 41 400

4. 应付账款有关明细账期末余额情况为：

应付账款——C 公司　　贷方余额 39 500

应付账款——D 公司　　借方余额 8 100

5. 预收账款有关明细账期末余额情况为：

预收账款——E 公司　　贷方余额 7 200

预收账款——F 公司　　借方余额 3 000

要求：请根据上述资料，计算华天公司 2024 年 10 月 31 日资产负债表中下列报表项目的期末数。

（1）货币资金（　　）元

（2）应收账款（　　）元

（3）预付款项（　　）元

（4）存货（　　）元

（5）流动资产合计（　　）元

（6）固定资产（　　）元

（7）非流动资产合计（　　）元

（8）资产合计（　　）元

（9）应付账款（　　）元

（10）预收款项（　　）元

（11）流动负债合计（　　）元

（12）长期借款（　　）元

（13）负债合计（　　）元

（14）所有者权益合计（　　）元

（15）负债及所有者权益合计（　　）

8.4 资产负债表综合业务题 1

二、资产负债表综合业务题 2

资料：世纪实业有限公司 2024 年 10 月 31 日有关总账和明细账户的余额如下表：

资产账户	借或贷	余额	负债和所有者权益账户	借或贷	余额
库存现金	借	3 800	短期借款	贷	160 000
银行存款	借	118 000	应付账款	贷	52 000

续表

资产账户	借或贷	余额	负债和所有者权益账户	借或贷	余额
其他货币资金	借	69 000	——丙企业	贷	75 000
应收账款	借	80 000	——丁企业	借	23 000
—甲公司	借	120 000	预收账款	贷	5 500
—乙公司	贷	40 000	——C公司	贷	5 500
坏账准备	贷	1 000	应交税费	贷	13 500
预付账款	借	12 000	长期借款	贷	200 000
——A公司	贷	3 000	应付债券	贷	130 000
——B公司	借	15 000	其中：一年内到期的应付债券	贷	30 000
原材料	借	46 700	长期应付款	贷	100 000
生产成本	借	95 000	实收资本	贷	1 500 000
库存商品	借	60 000	资本公积	贷	110 000
存货跌价准备	贷	2 100	盈余公积	贷	48 100
固定资产	借	1 480 000	利润分配	贷	1 900
累计折旧	贷	6 500	——未分配利润	贷	1 900
无形资产	借	402 800	本年利润	贷	36 700
资产合计		2 357 700	负债和所有者权益合计		2 357 700

要求：

计算确定世纪实业有限公司 2024 年 10 月 31 日末资产负债表的下列报表项目金额。

8.5 资产负债表综合业务题 2

1. 货币资金（　　　　）元	8. 应付账款（　　　　）元
2. 应收账款（　　　　）元	9. 预收款项（　　　　）元
3. 预付款项（　　　　）元	10. 流动负债合计（　　　　）元
4. 存货（　　　　）元	11. 应付债券（　　　　）元
5. 固定资产（　　　　）元	12. 负债合计（　　　　）元
6. 非流动资产合计（　　　　）元	13. 未分配利润（　　　　）元
7. 资产合计（　　　　）元	14. 所有者权益合计（　　　　）元

三、利润表综合业务题 1

资料：盛兴公司 2024 年有关损益类科目本年发生额如下，请编制该公司 2024 年度利润表。

损益类科目本年累计数   单位：元

科目名称	借方发生额	贷方发生额
主营业务收入		1 250 000
其他业务收入		18 500
主营业务成本	750 000	
其他业务成本	8 500	
营业税金及附加	2 000	
销售费用	20 000	
管理费用	158 000	
财务费用	41 500	
投资收益		31 500
营业外收入		50 000
营业外支出	49 700	

利润表

编制单位：   年   单位：元

项目	行次	本年金额	上年金额
一、营业收入			
减：营业成本			
税金及附加			
销售费用			
管理费用			
财务费用（收益以"－"号填列）			
资产减值损失			
加：公允价值变动净收益（净损失以"－"号填列）			
投资净收益（净损失以"－"号填列）			
二、营业利润（亏损以"－"号填列）			
加：营业外收入			
减：营业外支出			
其中：非流动资产处置净损失（净收益以"－"号填列）			
三、利润总额（亏损总额以"－"号填列）			
减：所得税			
四、净利润（净亏损以"－"号填列）			
五、每股收益			
（一）基本每股收益			
（二）稀释每股收益			

8.6 利润表综
合业务题1

注：假设发行在外的股数为20 000股。

四、利润表综合业务题 2

资料：华天公司所得税税率为 25%，该公司 2024 年的收入和费用有关资料，如下表所示。

损益类科目本年累计数　　　　　　单位：元

主营业务收入		650 000
其他业务收入		85 000
营业外收入		3 500
投资收益		11 800
主营业务成本	370 000	
其他业务成本	41 000	
税金及附加	7 800	
销售费用	12 000	
管理费用	23 000	
财务费用	3 500	
资产减值损失	4 500	
营业外支出	8 000	

8.7　利润表综合业务题 2

请代为计算华天公司 2024 年度的利润表中下列项目的金额。
（1）营业收入（　　）元；
（2）营业成本（　　）元；
（3）营业利润（　　）元；
（4）利润总额（　　）元；
（5）所得税费用（　　）元；
（6）净利润（　　）元。

综合拓展

分析题

8.8　综合拓展

瑞幸咖啡财务造假事件引起了广泛关注，请分析该事件对企业自身、投资者、合作伙伴以及整个行业的影响，并从财务会计报告编制的角度，探讨如何防止类似事件的发生，以及会计人员在其中应秉持的职业道德和社会责任。

第九章

会计工作组织

一、会计工作组织概述

1. 会计工作组织的意义

强化会计工作质量，提升效率：会计工作流程复杂，需专业机构、人员及健全制度确保信息质量与时效。

协调会计与其他经济管理工作：与多领域紧密相连，合理组织可加强协调，推动科学管理与经济效益提升。

助力经济责任制执行：有助于单位及部门管理资金，实现增收节支，提升管理与经济效益，推动责任制落实。

保障方针政策执行与财经纪律维护：发挥会计职能，是执行国家政策、维护财经纪律与经济秩序的关键。

2. 会计工作组织的主要内容

设置会计机构：企事业单位依规模和业务设专门机构，负责会计工作组织管理，由专业人员组成，执行会计政策程序。

配备会计人员：根据实际需要配备具专业技术水平人员，是做好会计工作的关键。

制定会计规章制度：是会计工作的"行动指南"，确保有序进行，保障核算质量。

妥善保管会计档案：是单位经济活动重要记录，包括多种资料，保管利用应遵循国家规定，确保完整安全。

3. 组织会计工作应遵循的原则

符合国家统一要求：依照会计法和会计准则等法规制度组织会计工作，发挥其在经济管理中的作用。

结合单位特性：设置会计机构、配备人员和制定制度应适应单位规模、特点、业务及管理需求，避免生搬硬套。

结合生产经营管理特点：工作组织应贴合单位业务实际，不同规模企业应制订匹配方案，确保管理效能与经济效益。

符合精简节约原则：在确保质量前提下，节约人力、物力、财力，简化手续，适应会计电算化发展，提升效率。

提高会计工作质量和效率：科学安排工作，保证信息质量，减少流转环节，避免机构重叠等，以提高效率。

二、会计机构

1. 会计机构的设置

根据业务需要设置：单位依会计业务繁简和管理需求决定是否设置及如何设置，影响因素包括规模大小、业务收支简繁、经营管理要求，不设机构的单位也应依法开展会计工作。

不设置会计机构的单位应配备会计人员并指定会计主管人员：规模小等单位可如此，会计主管人员负责组织管理会计事务，行使相应职权。

可以实行代理记账：不具备设置条件的单位可委托代理记账机构，委托人提供资料，代理记账机构按规定处理业务，双方义务责任受法律约束。

2. 会计工作的组织形式

集中核算：经济业务核算集中于公司级会计部门，部门提供原始资料，此形式可减少环节、精简人员，但可能影响内部考核分析，适用于规模小的单位。

非集中核算：明细分类核算分散进行，公司级会计部门仍需指导监督，利于内部考核分析，但增加人员且影响集中监督，实际可灵活结合，对外业务多集中办理。

会计工作岗位责任制：包括会计机构负责人或主管、出纳等岗位，明确职责权限，可一人一岗等，出纳不得兼任特定岗位，岗位责任制确保工作质量效率。

三、会计人员

1. 会计人员的基本职责与权限

（1）职责。

会计核算：按准则规定进行核算工作，确保会计信息真实准确完整，做到账证相符、账账相符、账实相符和账表相符。

会计监督：对经济业务和财务收支合法性、合理性进行监督，对不真实不合法原始凭证有权处理，对记载不准确不完整的予以退回并要求更正补充。

（2）权限。

要求单位遵守规定：有权要求单位守规，拒绝违规操作并报告。

参与经济管理：可参与单位多项经济管理活动，单位应重视其意见。

监督检查财务收支和资金使用：有权监督相关活动，确保合规安全。

拒绝违法乱纪行为：对违法违纪行为坚决抵制并报告。

保管会计档案：负责档案保管确保信息完整可追溯。

2. 会计人员应具备的素质

政治方面素质：坚持党的路线，守法遵规，增强法治意识和社会责任感。

业务素质：掌握会计知识技能，运用软件技术，持续学习提升业务水平。

职业道德：诚实守信、廉洁奉公、保守秘密、客观公正、爱岗敬业、遵循公平竞争原则。

3. 会计人员专业技术职务

考试级别、科目：初级、中级、高级会计资格考试全国统一组织，科目不同，高级考高级会计实务，中级考三科，初级考两科，成绩有效期各异。

报名条件：不同级别有基本和具体条件，涉及学历、工作年限、专业技术资格等，学历和工作年限计算有相应规定，相关专业中级资格人员可报考会计同级考试。

会计机构负责人或会计主管人员：在单位负责人领导下组织会计工作，须具备一定条件，负责制定实施办法，组织、领导、督促会计人员工作，参与经营决策，提升人员素质，考核调配人员。

四、会计档案

1. 会计档案的概念

单位会计核算中形成的有保存价值的资料，包括电子档案，是审计等的重要依据，受会计法和档案法规范，财政部和档案局有相关管理办法。

2. 会计档案的内容

会计凭证类：原始凭证、记账凭证。

会计账簿类：总账、明细账等多种账簿。

财务会计报告类：各期间财务报告及附注、说明书。

其他会计资料类：如余额调节表、对账单等，电子档案需满足特定条件。

3. 会计档案的管理

归档：会计机构负责整理立卷，当年档案暂由财务部门保管一年后移交档案部门，特殊情况拆封需会同，出纳不得担任保管人员，档案应科学管理确保安全保密。

保管期限：分永久和定期，定期有 10 年和 30 年两档，从会计年度终了后第一天算起，不同档案保管期限有具体规定。

基础知识巩固 ➤➤➤➤➤➤➤➤➤➤➤➤➤

一、单选题

1. 会计工作组织的核心目标是（　　）。
   A. 提高会计人员素质　　　　B. 保证会计信息质量
   C. 加强内部管理　　　　　　D. 遵守财经法规

2. 下列不属于会计工作组织主要内容的是（　　）。
   A. 设置会计机构　　　　　　B. 招聘财务经理
   C. 制定会计规章制度　　　　D. 保管会计档案

3. 各单位设置会计机构应考虑的首要因素是（　　）。
   A. 单位规模大小
   B. 经济业务和财务收支简繁
   C. 经营管理要求
   D. 单位领导意愿

4. 不具备设置会计机构条件的单位，应（　　）。
   A. 不进行会计核算　　　　　B. 委托中介机构代理记账
   C. 任用非专业人员记账　　　D. 由单位负责人兼任会计

5. 集中核算组织形式的优点是（　　）。
   A. 有利于内部各部门及时获取核算资料
   B. 便于企业内部考核分析
   C. 减少核算环节，精简人员
   D. 增强会计人员独立性

6. 会计人员在会计核算工作中，应保证会计数字（　　）。
   A. 大致准确　　　　　　　　B. 快速生成
   C. 真实、准确、完整　　　　D. 符合领导要求

7. 会计人员发现不真实、不合法的原始凭证应（　　）。
   A. 予以受理并向单位负责人报告
   B. 自行更正后受理
   C. 不予受理并向单位负责人报告
   D. 退回经办人员更正后受理

8. 高级会计师资格考试科目为（　　）。
   A. 高级会计实务　　　　　　B. 高级财务管理
   C. 高级经济法　　　　　　　D. 高级审计

9. 会计档案保管期限从（　　）算起。

    A. 会计档案形成之日　　　　B. 会计年度终了后的第一天

    C. 会计档案归档之日　　　　D. 会计人员离职之日

10. 一般会计人员办理交接手续，由（　　）监交。

    A. 单位负责人

    B. 主管单位派人

    C. 会计机构负责人（会计主管人员）

    D. 审计人员

9.1　单选题

二、多选题

1. 会计工作组织应遵循的原则包括（　　）。

    A. 符合国家统一要求

    B. 结合单位特性

    C. 符合精简节约原则

    D. 提高会计工作质量和效率

2. 会计机构负责人或会计主管人员的任职要求包括（　　）。

    A. 具备会计师以上专业技术职务资格

    B. 从事会计工作三年以上经历

    C. 熟悉国家财经法律、法规及相关政策

    D. 具备较强的组织能力和健康状况

3. 会计人员的权限有（　　）。

    A. 要求单位遵守财经纪律

    B. 参与单位经济管理

    C. 拒绝违法乱纪行为

    D. 保管会计档案

4. 会计档案的内容包括（　　）。

    A. 会计凭证类　　　　B. 会计账簿类

    C. 财务会计报告类　　D. 其他会计资料类

5. 会计人员专业技术职务包括（　　）。

    A. 初级会计师　　　　B. 中级会计师

    C. 高级会计师　　　　D. 注册会计师

9.2　多选题

三、判断题

1. 会计工作组织仅与会计部门自身相关，与其他部门无联系。
    （　　）

2. 所有单位都必须单独设置会计机构。　　　（　　）

3. 非集中核算组织形式下，企业对外的所有会计业务都由各部门自行办理。　　　（　　）

9.3 判断题

4. 会计人员只负责会计核算工作，无须参与单位的其他管理活动。

（　　）

5. 会计档案保管期限届满后，可自行销毁。 （　　）

能力提升训练 ▶▶▶▶▶▶▶▶▶▶▶▶▶▶▶▶

案例分析一：

某小型企业一直采用代理记账方式处理会计业务，但随着业务发展，企业考虑自行设置会计机构。请分析该企业在转变过程中需要考虑哪些因素，应如何逐步推进会计机构的设置工作，以及如何确保会计工作的顺利过渡。

9.4 案例分析

案例分析二：

某公司会计人员离职时，未与接管人员办清交接手续，导致部分账目混乱，财务数据出现错误。请分析这种情况可能带来的后果，以及公司应如何加强会计人员工作交接的管理，避免类似问题再次发生。

综合拓展 ▶▶▶▶▶▶▶▶▶▶▶▶▶▶▶▶

一、案例分析题

某企业会计人员在面对企业负责人授意其伪造会计凭证以虚增利润的要求时，陷入了两难境地。一方面是保住工作的压力，另一方面是职业道德和法律的约束。请从会计职业道德和法律责任的角度分析该会计人员应如何抉择，并阐述会计职业道德在会计工作中的重要性，以及企业应如何加强会计职业道德建设。

二、讨论题

9.5 综合拓展

在当今数字化经济时代，会计工作面临着新的机遇和挑战。例如，电子会计凭证的广泛应用提高了会计工作效率，但也对会计信息安全和会计人员的职业道德提出了更高要求。请结合实际案例，阐述会计人员在数字化环境下如何坚守职业道德底线，确保会计信息安全，维护国家和企业利益。同时，从社会主义核心价值观的角度，分析会计人员应如何在工作中体现诚信、敬业等价值观，为企业和社会的发展贡献力量。